总第5卷 第1辑（2018）

盛京法律评论

SHENGJING LAW REVIEW

主编 杨松 郭洁

主办 辽宁大学法学院

知识产权出版社
全国百佳图书出版单位

图书在版编目（CIP）数据

盛京法律评论．总第5卷，第1辑．2018/杨松，郭洁主编．—北京：知识产权出版社，2019.5

ISBN 978－7－5130－6223－7

Ⅰ.①盛… Ⅱ.①杨… ②郭… Ⅲ.①法律—文集 Ⅳ.①D9－53

中国版本图书馆CIP数据核字（2019）第077028号

责任编辑： 石红华　　**责任校对：** 谷　洋

封面设计： 臧　磊　　**责任印制：** 孙婷婷

盛京法律评论·总第5卷　第1辑（2018）

杨　松　郭　洁　主编　辽宁大学法学院　主办

出版发行：	知识产权出版社有限责任公司	**网　址：**	http：//www.ipph.cn
社　址：	北京市海淀区气象路50号院	**邮　编：**	100081
责编电话：	010－82000860转8130	**责编邮箱：**	shihonghua@sina.com
发行电话：	010－82000860转8101/8102	**发行传真：**	010－82000893/82005070/82000270
印　刷：	北京虎彩文化传播有限公司	**经　销：**	各大网上书店、新华书店及相关专业书店
开　本：	787mm×1092mm　1/16	**印　张：**	12
版　次：	2019年5月第1版	**印　次：**	2019年5月第1次印刷
字　数：	160千字	**定　价：**	58.00元

ISBN 978-7-5130-6223-7

邮箱：shengjinglaw@163.com

网址：http://law.lnu.edu.cn/

地址：沈阳市皇姑区崇山中路66号　邮编：110036

主办：辽宁大学法学院

协办：辽宁省高等学校法学一流特色学科

卓越法律人才教育培养基地

国家级实验教学示范中心建设单位

全国政法干警招录培养体制改革试点建设单位

目　录

CONTENT

【理论园地】

中国经济法学四十年纵横谈

王全兴　徐孟洲　薛克鹏
曾筱清　杨　松

2018 年 10 月 12 日，中国法学会经济法学研究会与辽宁大学法学院联合举办了经济法 30 人论坛，论坛主题为“经济法学四十年：经济法的风险理论”。本刊整理了参加论坛的王全兴、徐孟洲、薛克鹏、曾筱清、杨松五位学者的观点，形成《中国经济法学四十年纵横谈》一文，以飨读者。

王全兴（上海财经大学法学院教授，中国法学会经济法学研究会副会长，博士研究生导师）：

“经济法学 40 年”，这个题目很好。说到 40 年我很激动，我 1978 年上大学到现在正好 40 年，与改革开放 40 年、经济法[1] 40 年

[1] 为表述方便，本文中的“经济法”，未区分作为独立法律部门的经济法与作为法学学科的经济法，该概念在各处所指含义不尽相同，或指法律部门，或指法学学科，或兼而有，可依各自所在语境来理解。

同行。准确地说，我的经济法生涯是接近40年，因为在本科四年级才上经济法的课，1982年才从事经济法教学。

今天以经济法40年的回顾为题，我谈三点：一是为什么要回顾，二是应该怎样回顾，三是需要回顾哪些重点问题。

一、为什么要回顾

我们中国人是很喜欢回顾的，每经五年、十年都要回顾一次。之所以如此，我认为是社会动态发展和社会转型的缘故。改革开放是社会动态发展和转型的过程，需要在回顾中明确历史坐标和发现发展规律。一般的回顾，是总结过去，但总结过去是为了把握未来，未来比过去更重要，之所以回顾过去是为了未来发展得更好。还有，在我这个年龄段的人，是改革开放40年、经济法40年的亲身经历者，往事历历在目。在座的很多年轻人不是全程经历人，而是后来者。未来的希望在于后来人，经济法的未来更要依靠在座和不在座的年轻的经济法学人。亲历人和后来人一起回顾，是为了让后来人能够从回顾中受益，能够从回顾中获得启迪、智慧和信心，不然回顾就没有意义了。不是为了回顾而回顾，而是为了未来，为了后来者继续前行而回顾，这就是要对过去的历程作出选择，哪些需要总结、哪些需要提炼而能够传承下去。

40年的回顾更有特别意义，为什么？“四十而不惑”，不惑之年的回顾应当更为理性。尤其是改革开放40年，恰逢党的十九大宣布中国特色社会主义进入新时代，处在改革开放40年和新时代这个时代节点上的回顾更有特别意义。也就是说，40年的回顾，不同于以往10年、20年、30年的回顾，与过去的40年相比，新时代起点的特殊性在哪里？十九大报告中有很多新的提法，这就要求以十九大报告的精神为指导来回顾。十九大报告中提出了许多问题，这是新时代要解决的问题。新时代的问题既有新问题，也有过去时代延续、遗留下来的问题；即使是新时代的新问题，根源也可能还在于过去时代。回顾改革开放40年，就是为了更好地解决新时代所面临的问题，从过去40年的经验和教训中获得解决这些问题的启示。只有这样，我们才能够以新时代的站位、眼光和思维来对待新时代的问题，无论是新时代出现的新问题还是过去时代延续下来的老问题。

二、应该怎样回顾

经济法40年的回顾，不同于过去10年、20年、30年回顾，具有特殊意义，这决定了我们应该怎样回顾。例如，经济法的调整对象和独立法律部门地位问题，在以往的回顾中都是回顾的重点，而这次40年回顾中未必还是重点，即使回顾也应该有新的视角。也就是说，40年回顾的问题领域应该有新的结构和新的选择。其中，有下述几个维度的选择值得重视：

其一，经济法实践的回顾和经济法理论的回顾。这两个方面的回顾应该兼而有之，但更重要的是经济法实践的回顾。经济法在40年改革开放中作用巨大，经济法学才更有价值，这里面也肯定了经济法学人的贡献。经济法的实践越有意义，经济法的理论就更有价值。其实，经济法的理论与实践是互动的，怎样互动，值得回顾。如果说经济法实践的成就有经济法学人的贡献，那么，经济法实践中的不足，经济法学人也有一定的责任。

其二，经济法整体的回顾和经济法专题的回顾。经济法是个很庞大的系统，早期的经济法研究多是笼统地研究。到了后期，至少第三个10年或者第四个10年，经济法研究更立体化、更细化了，笼统地研究经济法整体的成果不多了。整体的回顾和把握固然是必要的，但更需要专题的回顾。只有专题的回顾才可以在回顾中深化。例如，关于经济法与其他法律部门之间关系的研究，只是整体地研究是不够的，而研究经济法某个部分与民法或行政法的某个部分是什么关系则更有意义。当然了，如果有组织地安排不同学者分别回顾不同的专题，汇总起来，会得到整体回顾的效果。

其三，理论观点的回顾和研究方法的回顾。这两种回顾都很重要，在经济法30年的回顾中，曾有经济法理论观点回顾的专著出版，展示了经济法研究的理论成果和发展脉络，学术意义丰富。但研究方法的回顾更重要，因为40年来，经济法学人的研究方法是不断变化的。例如，不同年代的经济法学人所写论文的风格就不一样，像我这个年龄段的人写的文章如果交给后一年龄段的人匿名评审，评审者就不一定看得上眼。研究方法在进步、在发展，这对经济法的发展比理论观点的演变更新或许更有意义——得“渔”甚于得“鱼”。

其四，成就、经验的回顾和不足、教训的回顾。在回顾中把经济法的成就、经验展示出来，肯定有价值，但对经济法不足、教训的回顾更有意义。特别是到了新时代还没有解决的问题、解决得不够好的问题，更需要回顾，在回顾中了解这40年来这个问题为什么还没有解决、为什么没有解决好，这对新时代经济法的发展更有价值。

其五，相对孤立的回顾和置于大背景中的回顾。经济法40年回顾是改革开放40年回顾的一个组成部分。对经济法的回顾，只就经济法本身进行回顾是不够的，而应当将经济法40年置于改革开放40年的大背景中，将经济法的事项、问题、事件与当时的体制改革、对外开放、法制建设等背景因素关联起来进行回顾，尤其是分析其原因、后果和影响，回顾的质量才会提高，效果才会增强。

其六，专门的回顾和问题研究中的回顾。像今天的论坛，或者某个杂志组织一次经济法40年的笔谈，就是专门的回顾。这是集中力量来回顾，当然有效果，但是还不够。不如把回顾作为一种研究方法贯穿到研究实践中，平常写论文、做课题、做博士论文，首先要就所要研究的专题作研究综述和法律政策综述，这就是回顾，并且是带着问题来回顾，这样更认真、更深刻。

三、需要回顾这么几个问题

第一，经济法中国特色的彰显。在法学研究中，“中国特色”不仅是政治术语，而且有方法论的意义，对经济法而言，更是如此。与经济法对应的“中国特色”，有两个阶段。第一个阶段，我国老一辈经济法学人研究经济法虽然与苏联的经济法著作有联系，但与苏联的经济法不是一回事，苏联的经济法是计划经济的经济法，而我国的经济法是市场化经济体制改革中的经济法。第二个阶段，即社会主义市场经济体制被确立为改革目标模式以后，经济法的中国特色体现在与西方国家经济法的不同。西方国家虽然没有经济法这个法律概念，但经济法现象大量存在。我国经济法实践和理论来源都不是西方国家那一套。经济法的“中国特色”问题，在一定意义上是中国市场经济与西方国家市场经济之间一般性与特殊性之关系的问题。哪些方面应当强调一般性，哪些方面应当强调特殊性，需要有准确的把握。改革开放中出台的属于经济法的措施和政策中，一般性与特殊性的关系处理得好的，效果就好，反之就不够好。这方面的经验教训需要总结，更需要继续探索。

第二，经济法与政府和市场的关系。市场化经济体制改革中的经济法，一直以政府与市场互动为规范对象。官方关于经济体制改革目标模式的表述，先后经历了社会主义有计划的商品经济、社会主义商品经济、社会主义市场经济等几个阶段，社会主义市场经济阶段又先后经历市场在资源配置中由基础作用到决定作用两个阶段。在不同阶段，政府与市场互动的机制尽管有变化，而市场化程度不断提高是基本趋向。故经济法中政府和市场的关系，应当成为经济法40年回顾的一条红线。

第三，政府经济行为的市场化逻辑。在政府与市场互动的机制中，政府经济行为作为政府干预的一种基本方式，其市场化逻辑是改革中与私人经济资源配置市场化并列的一种制度创新。为弥补政府缺陷而将市场机制引入政府干预过程，不仅在改革中一直有其实践，而且经济法学界一直有其研究，曾被称为“市场化政府经济行为”，如今多被称为公共资源配置市场化或公共产品供给机制市场化，其中的PPP更成为热点。这既不同于行政法中的行政行为，也不同于民商法中的民商事行为，经济法视角的独特性凸显。将其作为回顾的重点，理论价值和实践价值都不可轻视。

第四，经济法的民生保障。在社会法中突出民生保障问题理所当然，而经济法中为什么也要重视民生保障问题呢？众所周知，在市场化经济体制改革前，我国存在普遍且严重的民生问题。“贫穷不是社会主义”，于是，不得不进行市场化经济体制改革。在此意义上，民生问题是改革的动力之一。改革就是为了解决民生问题，当年安徽小岗村启动联产承包制改革，足以证明这个道理。市场化经济体制改革以后，原来普遍贫穷的民生问题解决了，又出现了新的民生问题。比如，贫富差别扩大和两极分化，经济越发展而民生问题越来越严重的现象被称为“经济与社会断裂”。于是，提出了和谐社会、共享发展、以人民为中心等政策目标，这不只是社会法，而且是经济法的政策目标。十九大报告指出，民生领域还有短板。经济法当然要重视民生保障功能，如“三农”问题、中小企业保护问题、民生财政问题、普惠金融问题、食品药品质量问题、生态问题等，都是经济法的问题。对这些问题，40年的经济法做得如何，值得回顾。

第五，经济法中的社会中间层主体。在政府与市场互动的机制中，实际上还存在介于政府和市场之间的第三个维度，即“社会”。国家治理体系现代化的一个重要标志就是国家治理的社会参与，政府与社会合作共治。故在经济法的主体体系框架中，不仅有政府主体和市场主体，还有社会中间层主体。关于社会中间层主体的研究，在经济法研究中，比行政法研究和民商法研究不仅更为重视，而且特点突出，在回顾中值得重视。

第六，经济法的研究方法。经济法作为有别于传统法学的一个新兴法学学科，其发展过程中所体现的研究方法上的特别之处有目共睹，有褒有贬。在经济法学界，老一辈学者多以“法外论法”见长；中生代学者和新生代学者“法外论法”与“就法论法”兼而有之，而中生代学者略重于“法外论法”，新生代学者略重于“就法论法”。在当今，“法外论法”被称为“社科法学”，“就法论法”被称为“法教义学”，在法学界都受到重视。就经济法 40 年而言，由重立法转向立法、执法、司法并重，是决定上述研究方法总体格局演变的重要背景因素。“法外论法”和“就法论法”都值得肯定，当然也都有优劣。在现阶段，就经济法而言，仍然需要“法外论法”与“就法论法”并重和互补，因为经济法的政策性强，在立法、执法、司法上均有体现。法官审理经济法案件，更强调法律效果与社会效果的统一。所谓的疑难案件，特别是到了最高法院的疑难案件，疑难主要在于案件的政策性问题和法律效果与社会效果的取舍问题。况且，全面深化改革进程中的经济立法任务仍然繁重。无论是“法外论法”还是“就法论法”，或者是二者的结合，都需要优化，这依赖于对以往经验教训的总结。

第七，经济法的专业人才培养。经济法的持续发展，需要有高质量人才资源的支撑。40 年来经济法专业人才的培养，有火爆有低落，有成就有不足。对此作理性的回顾，可能比仅纠结于本科经济法课程是必修课或选修课、A 类课或 B 类课之类的问题，或许更有意义。只要坚守于经济法课程质量的提高、经济法专业人才培养效果的优化，相信需求就会持续强劲。这是经济法专业人才培养也要“供给侧改革”的道理。

徐孟洲（中国法学会税法研究会副会长，中国人民大学法学院教授）：

我想结合今天要讨论的经济法研究的主题，谈谈中国经济法体系化问题。

第一，研究我国经济法体系化，用什么样的一个思维。当然，我们要用法治的思维、辩证的思维等，另外还要用一个系统论的思维去研究经济法。经济法体系化本身也是系统化的过程。现在是系统化、网络化互相联系的时代，我们需要运用系统思维的方法去研究经济法体系化问题。我们特别要注重应用的思维方式有如下几种：一是系统论的整体性思维，而不是个体性思维。二是系统论的结构层次性思维。任何体系都是一个有机结构的整体，要从不同层次去分析体系的内在结构。三是系统论的关联性思维。即体系内部各个组织单元之间是相互关联的。四是系统论的开放性和有序性思维。为什么要用系统论的思维去研究经济法体系？这是因为经济法体系本身就是一个系统。

第二，经济法体系化要以不同市场经济的经济体系为基础。经济法的体系化以什么经济体系为基础？这对经济法的体系化来说有很大的不同。我们讲美国的经济法、日本的经济法、德国的经济法，实际上它们的经济法体系都是建立在市场经济基础上是没错的，但是美国更倾向于自由放任的市场经济，德国实行的是社会市场经济，日本实行的是政府主导型市场经济。因为不同市场经济模式下的经济体系不同，也就使得每个国家的经济法体系存在较大差异。1992年以后，我国实行社会主义市场经济的体制。中国的社会主义市场经济经历了起步阶段、转型发展阶段，直到逐步走向成熟阶段。党的十八大、特别是党的十九大以后，中国进入新时代，进入大力建设社会主义市场经济条件下的现代化经济体系。中国经济法体系化要在这个现代化经济体系的基础上来构建。程信和老师搞的《经济法通则草案300条》，基本上是按照新时代的现代化经济体系为基础做出来的。

第三，现代化经济体系是一个有机、完整的系统。现代化经济体系是什么？2018年1月31日下午，中共中央政治局就建设现代化经济体系进行第三次集体学习，习近平同志在主持学习时指出，“现代化经济体系，是由社会经济活动各个环节、各个层面、各个领域的相互关系和内在联系构成的一个有机整体。”[1] 对这个体系我的理解是，社会经济活动的各个环节，应该是指生产、交换、分配和消费这四个环节。经济法以现代经济体系为基础，就要以经济活动为基础，而经济活动形成经济关系。经济法规范经济活动、调整一定的经济关系，这是经济法的任务和主要的内容，所以经济法体系化要紧紧抓住现代经济体系这个基础。经济一方面是企业进行商品生产，另一方面是众多消费者要购买这个商品进行消费，这样就形成了生产和消费。交换和分配是一个中介。企业生产商品必须要进行交换才能获得价值，交换才能产生价值，价值产生以后一部分分配给了劳动者，即按劳分配；一部分成为了投资者的收益，即按资分配；还有一部分利润通过国家税收缴纳给国家了。通过交换才能够实现价值。商品放到自己家里消费，那是自然经济。消费，商品制造出来以后必须要满足消费者的需要，这样才能有价值。不然，生产出来的商品不卖或者卖不出去，卖不出去就会形成生产过剩，造成经济危机。

经济活动的各个层面，应该主要是指宏观经济和微观经济两个层面。微观经济层面主要是指单个经济单位的经济活动层面，主要表现为企业的生产经营活动，单个市场主体的生产经营活动，如某一个企业的生产、销售、分配活动等。这样的活动是一个微观领域里面的企业的活动，这是微观层面。宏观层面是总量经济活动层面的，是国民经济整体活动，是整个经济运行的层面，是整体的经济活动和运行的状态。供给侧结构性改革是针对生产和需求不匹配进行的。生产的东西应该是消费者需要的，这由市场起决定性作用来调整生产和资源配置。

经济活动各个领域，一般包括农业、工业、商业、第三产业等。社会经济活动各个环节、各个层面、各个领域的相互关系和内在联

[1] 习近平：《中共中央政治局建设现代化经济体系进行第三次集体学习》，新华社北京 2018 年 1 月 31 日电。

系构成一个有机整体，这就是经济体系。我们要从经济整体上来进行把握，我们要以现代化经济体系作为我们构建经济法体系的基础，没有这个基础，制定的经济法就不能够反映我国现代经济生活的现实，也不是从问题出发，就是脱离实际了。

第四，现代化经济体系决定经济法体系的结构。刚刚我讲了四个环节、两个层次、多个领域的经济活动，是作为一个统一的整体而存在的。这本《经济法通则300条》实际上涵盖了这样一些内容。简单说，中国经济法体系是一个“两体两翼”结构，第一体是指经济法主体制度，即《经济法通则300条》里面讲的经济法律关系主体。这是经济法的主体制度，规定什么人有什么资格可以从事什么样的经济活动，它的主体地位和组织形态等，这是经济组织法。第二体是指经济法的客体制度，应该是自然资源能源和资产法律制度。资源和资产是生产的前提，必须要有这些资源才能进行生产。我认为这些资源，一个是自然资源，一个是能源，一个是资产，还有一个是货币。客体制度还要包括经济行为。因为我们的客体就是物和行为这两部分。对于物这方面，我们把物具体化，化为资产、货币，直接和生产相联系。一个企业进行生产，要有资产（流动资金和固定资产等），还有贷款等经济活动。

所谓“两翼”，其一是市场规制法。实际上，经济法调整的是因微观经济活动产生的经济关系。在《经济法通则300条》中作为了一个板块，是市场运行的法律制度。市场规则法律化，就是以法律保护和规范企业的经济活动，以及维护市场公平竞争的秩序等，例如产品质量法、价格法、反不正当竞争法、反垄断法、广告法等，就是为保护企业生产服务，为维护公平竞争秩序的经济法制度。

宏观调控法是经济法体系的另一翼。凡调整宏观经济关系的法律规范的系统都是宏观调控法，它反映的是整个国民经济整体层面的要求。宪法规定，国家加强经济立法，完善宏观调控。这个就是经济法制定宏观调控法的宪法依据。我们主张我国依法实施宏观调控制度，这就是我们国家经济法的特色和优势。因为它是建立在现代化经济体系基础上的。美国、日本、欧洲的经济法对宏观调控法这方面是不完善、不全面的。我们是全面的，有一个总体的体系。这是我们的优势，这是我们的特色，所以我们要发扬优势。通过经济法的发展规划制度为国民经济和社会发展导航，企业也好，国家也好，有一个科学的计划，你都应按照这个计划去行动。当然，我们要在大数据和客观实施基础上做发展规划，要通过全国人大通过每年的国民经济和社会发展年度计划，制订五年规划纲要等，应当有一个发展规划法作为法律依据。

国民经济协调制度是宏观调控法的重要制度。在这里面把财税法的制度、货币金融法律制度，把产业发展制度、区域协调制度就放在一起了，这样就形成了宏观调控法的主要内容。

以上主体制度、客体制度、市场规制法和宏观调控法就是以现代法经济体系为基础构建的一个具有中国特色的经济法体系。

第五，经济法体系和经济法学体系问题。刚才王全兴老师讲了经济法学体系，还包括一些经济法历史。我们研究经济法学体系应该有它的基础、有它的思维，这个思维就是系统论思维。比如说票据法，你们都学过了，它是干什么的？它出现在哪个环节？不知道，只知道票据出票、承兑等。票据法是商业银行法中的结算制度里面的一项制度。那个结算，你在进行买卖以后就要付款，付款可以通过银行进行结算。银行结算方式有很多，如汇兑、信用证、票据结算等，还有现在的信用卡、现在的第三方支付等，它们都是在支付结算制度体系里面的，而且票据功能有三个：一个是结算；二是融资，短期融资，通过票据贴现而融资；再一个是担保，它可作为质押品。这些都和金融紧紧相联系，和商业银行法相联系，在金融这个板块而不是在其他的板块里。相反，把票据法放进哪个商法体系里都是分散的，它更接近于金融法制度。所以，有的法律制度必须是要从系统论思维，从整体来看。如果不从整体看，我们难以建立金融法。法律越来越专业化，不强调它们之间的内在联系是难以构建科学体系的。所以，经济法还是要有一个整体性、层次性结构，要反映现代化经济体系，为现代化经济体系服务。中国的经济法就是这样一个主要为现代化经济体系服务的法律部门。实际上还有资产法律制度，这些制度是为生产服务的，因为民法是在老百姓日常生活消费里面适用的，但是在真正进行物质生产、再生产的领域里面，我们应该把这些资产制度归在一起。所以，我们是把资产制度真正作为经济法内容的，不管别人怎么说我们，我们都要坚持下去。

关于用结构的方法来研究经济法。我实际上就是要讲清楚这个问题。用系统论的思维，从微观的角度来讲，它也是一个系统。复杂的宇宙都是有一个系统的，经济有一个系统，政治有一个系统，法律也是有一个系统的。这个系统是怎么产生的？恩格斯说，生产活动反复多次以后就形成了生产规则，最后形成一个法律的规则。你规定的是经济行为，这个经济行为不是一般的行为，而是生产和再生产领域的一部分经济行为；或者是多方面的行为，如生产、交换、分配、消费四个环节的活动；有的是微观的，有的是宏观的，我们觉得这部经济法应依照一个逻辑和一个系统来构建，不能搞几个系统，不能相互打架。注册会计师考试的经济法汇编，编成这么厚，里面有好几个法律部门的法规，这里的法规不全是经济法部门的法规。为什么会这样？就是因为他们没有从系统论的角度来构建经济法体系，所以层次就会不一样。例如，你说财税法、财政法和税法是什么关系？税法是财政法的组成部分之一，是关于财政收入方面的法。如果将财政法和税法并列，都算在一个层次上，那你就错了。每一个经济法的具体制度，都有几个层次的法律制度，上层、中间层、下层构成一个体系。税法体系里面又有商品税法、所得税法、财产税法，这又是一个层次。就是所得税法里面也有企业所得税法和个人所得税法。所以，这个体系是一层一层下来的，搞乱了就会发生冲突。这是我讲的是要从系统的角度来梳理现有的法律法规，以现代化经济体系的层级为基础来构建经济法体系的层级。法律汇编也是法的系统化的方式，但制定经济法通则是法典编纂，而不是汇编。

薛克鹏（中国政法大学教授，中国法学会经济法学研究会常务理事，博士研究生导师）：

改革开放40年的前20年，我和经济法的关系不太大。我是一个后来者，1999年才入门，跟着西南政法大学李昌麒教授开始攻读博士学位。恰巧2000年经济法年会暨理论研讨会在重庆召开，我有幸第一次参加了这次年会，从此算是开始了自己的经济法研究生涯。记得那次会议王全兴教授进行了演讲，做了精彩的主题发言，给我留下的印象很深刻，至今仍历历在目。我和经济法结缘很有偶然性。1996年我在山西师范大学政法系当法学教研室主任，当时学生对讲授经济法课的老师不满意，给系主任提意见，系主任说既然你是教研室主任，你就替他讲，这样我才开始接触经济法。其实，我原来是教行政法的，准备攻读行政法博士，收集了不少行政法的资料。就这样，我放弃了行政法，开始了经济法的教学和研究之路。所以，中国经济法40年，我真正接触也才20年多一点时间，不像在座的几位老师，都是资深的经济法学人。这就是为什么昨天程信和教授向我要今天要讲的题目，我一直到晚上都没有想好具体谈什么，匆忙定了"中国经济法40年的成就和不足"这个话题。我现在主要研究经济法基础理论或者说总论，同时也研究竞争法和房地产法。因为研究需要，我对经济法的各方面内容都有一些涉猎，包括经济法的产生和发展历史，特别是美国、德国、日本和法国的经济法发展历史。与这些国家比较，我觉得中国经济法40年的成就还是可圈可点的，大致可以概括为以下几个方面。

第一个成就是我国在短短的40年的时间里，基本建成了有中国特色的经济法体系。2011年，国务院新闻办公室向世界宣布，包括经济法在内的中国特色社会主义法律体系已经初步形成。我们曾经听过国民党时期的六法全书，现在台湾地区也还在谈六法全书。而我们现在的法律体系应该是"七法"全书，其中包括了经济法。大陆法系有两个国家的经济法非常发达，一个是德国，另一个是日本。

德国从19世纪末的《反不正当竞争法》开始，到“二战”后先后用了六七十年时间。日本如果从第二次世界大战前开始计算，也用了六七十年。我国以市场经济为基础的经济法是从1993年开始的，到2011年就建立起了自己的经济法体系。从立法模式看，我们并没有走西方国家先制定民法典、商法典，然后再经济法的道路，而是采取了民法、商法和经济法互相交叉的模式，单行法是当时主要的立法形式。目前，我国法律的总数达到了250多部，其中经济法的数量达到了七八十个，近三分之一。至于行政法规，数量就更多了。经济法数量多，内容比较齐备，初步形成了中国特色的经济法体系。其中竞争法方面有反垄断法、反不正当竞争法、招标投标法和拍卖法等；消费者保护法方面有食品安全法、标准化法、广告法、消费者权益保护法和农产品质量安全法等法律法规；自然资源法有土地管理法、矿产资源法、水法、森林法、草原法、海洋法和野生动植物保护法；财税法方面有预算法、政府采购法、企业国有资产管理法、企业所得税法和个人所得税法等法律法规；另外还有商业银行法、证券法和保险法等金融法。规范具体行业的部门经济法，也就是所谓的领域法，有房地产管理法、建筑法、旅游法、电信法和农业法等，分别规范房地产、建筑、旅游、电信和农产品市场。电子商务是一个新型的领域，为了保护电商领域的消费者权益和公平竞争，全国人大常委会刚刚颁布了《电子商务法》。总之，在短短的40年时间里，能够建成中国的经济法是一个非常了不起的成就。

第二个成就是全国已经形成了一个研究经济法的群体。为什么说这也是一个成就？这一点我们通过比较可以知道。中华法系在世界上曾经有过巨大影响力，其体系也非常庞大，但它并没有随着历史的延续和现代化一同向前发展。其中一个重要原因就是缺乏一个专业的法学家队伍。罗马法就不同了。我们都知道，古罗马不但有盖尤斯、乌尔比安等五大法学家，并且一直到中世纪，都有专门研究罗马法的队伍。经过近代法学家的努力，在罗马法的基础上，法国和德国制定了民法典，最终奠定了大陆法系和民法法系。所以，法学家的作用非常重要。没有法学家，再好的制度也难以留存下来。这一点中华法系的教训非常深刻。例如，在湖北云梦出土的秦简中，就有一些现在看来也非常好的制度，如果能流传下来，就是中华民族对人类的一个伟大贡献。但是因为没有一个稳定的法学家队伍，导致许多好的制度后来灭失。所以，没有法学家，再好的法律制度都会随着朝代的更迭付诸东流。法学家不仅能够推动立法，而且能够普及法律、完善法律，推动法律不断进步。仿照法国制定自己的民法和商法，主要是法学家的贡献。后来，私法缺陷开始暴露：只有微观思维，没有整体思维；只有个人利益，不讲公共利益。这导致近代经济和社会领域出现许多乱象。法学家经过研究，发现了其中的问题，从社会化角度进行制度创新，提出了反垄断、反不正当竞争、保护消费者和社会保障等主张，从而推动了法律不断进步。改革开放40年来，特别是社会主义市场经济体制建立以来，我国形成了一个稳定的法学家和研究者群体。这个群体的个体水平虽然差异较大，但是内部结构相对合理，既有专门研究私法的民商法学家，又有研究规范公权力的公法学家，更有一个专门研究规范市场经济活动的经济法学群体。中国经济法制度的形成和发展就是依靠这个群体，将来经济法制度的完善仍然需要依赖这个群体。经济法学者群体的形成，为将来中国经济的法治建设奠定了非常好的基础，确保中国法律制度建设既不会走西方国家的古典式的资本主义，又不会回到计划经济。所以，我认为，经济法学者队伍的形成是经济法40年发展过程中的一个非常重要的成就。

第三个成就是经济法职业群体的形成。任何法律仅仅制定完成是不够的，还必须要有一个能够解释法律、适用法律处理具体案件的职业群体。法官是最古老、最专业和最精细的法律群体，刑法、民法、行政法和宪法等传统的部门法，都是通过法官适用到具体案件中去的。经济法同样离不开法官。但是法官能不能对经济法认识到位，把经济法运用到实际生活中呢？学过经济法的都知道，当年美国的《谢尔曼法》制定出来以后又设立联邦贸易委员会，一个重要原因就是当时的美国法官充满了个人主义色彩，迷信契约和没有限制的竞争，对于《谢尔曼法》在理念上不认可，结果就是《谢尔曼法》很难通过法官实施。所以，国会才另起炉灶设立专门的机构。可见，如果没有一个专业的职业群体，特别是执法群体，就很难将经济法适用到具体的经济生活中去。

中国经济法其实也面临着同样的问题。经济法虽然已经形成，但实施仍是问题。谁能把它适用到实际经济生活中，去规范市场主体和政府的经济行为？我国现在的法官对经济法其实也存在着不同程度的不认可甚至排斥问题，因为经济法和私法有着不同的价值理念。比如《商业银行法》，这个法你们应该熟悉一些。大家可以想想，它的价值是什么？是保护交易自由，还是保护银行商者的利益？我看都不是，是保护金融安全。大家可能都知道北京锐邦和强生公司的案件。强生公司生产医疗产品和婴幼儿产品等，在中国很有影响，它和锐邦公司曾经签订了一份代理销售协议，其中有一个条款规定锐邦公司不得低于合同约定的价格销售。后来锐邦公司在参加一家医院的招标采购时，报价低于强生公司规定的价格，结果被强生公司处罚并取消代理资格。锐邦公司后起诉到法院，要求法院认定强生公司行为违法和无效。那么，强生公司和锐邦公司签订的协议的性质很清楚，是一个典型的垄断协议，牺牲了所有消费者的利益。在这个协议中，虽然合同双方当事人的利益实现了，但消费者为此付出了高昂的代价。这个例子说明，如果没有认识到反垄断法的价值目标，仅仅从契约自由角度来执法，这些规则就很难实施。可喜的是，我国的反垄断法队伍在逐渐形成，保护消费者权益的队伍也在形成，包括全国各地的消费者保护组织。经济法实施的不同之处在于，首先是依靠监管机构的执法。执法其实和法官司法的性质一样，都是在适用法律，只不过执法需要接受司法审查。因此，今后行政执法人员也需要通过法律资格考试，取得资格证。未来经济法的实施，主要是依靠专业化的行政监管人员，当然，也包括法官。目前，这一群体初具规模。此外，随着公益诉讼制度的建立，专门从事公益诉讼的群体也在形成，比如公益律师。如果说立法是经济法形成的标志，研究群体是经济法的灵魂，那么推动经济法实施的职业群体，则是经济法立足的关键。所以，我认为这是一个成就，虽然这个成就不算太大。

第四个成就是经济法专业和学科的形成。经过 40 年的发展，经济法已经成为法学硕士和博士研究生的一个专业，在持续不断地培养经济法人才。有些同学可能关心，经济法专业研究生将来主要做什么工作，也就是就业方向是什么。作为经济法专业的学生，除了具有民商法的一般知识和技能外，还有特有的知识体系。其中前面提到的一个职业，就是反垄断、保护消费者的执法机构，典型的是市场监管机构。这类机构是我们经济法发挥专业优势的地方。即便是做律师，经济法专业毕业的和其他专业的也不一样。我们可以为当事人提供好的法律服务，比如为当事人提供一个系统的市场负面和正面清单，使其避免违反法律的强制性规定。

经济法的学科是 40 年来法学的又一个重要成果。20 世纪法学社会化有两大成果，其中一个是经济法学，另一个是社会法学。我国在改革开放后，大力学习发达西方国家的法学理论，其中包括经济法学。我们现在不仅有经济法，而且还形成了一个完整的经济法学科。中国经济法学大量吸收了德国、日本和美国经济法的成果，同时也有中国特色，有一定程度的创新。作为一个经济大国，如果只是有经济法的制度，而没有经济法学科，是不相称的，因为第二次世界大战后的经济发展事实表明，经济法学与经济发展排名有着直接关系。如日本和德国曾是世界第二、三大经济体，这两国的经济法和经济法学也是在世界上非常领先的。所以，作为第二大世界经济体，也应当有自己的经济法以及经济法学科。

第五个成就是我国初步建立了一套以市场监督管理机构为主的经济法执法机构。任何一种法律离不开执法或司法，反映在国家机构层面上，就是法院和行政机关两个方面。过去经济法之所以被人们广泛认可，是因为各级法院都设立经济审判庭。2001 年司法机构改革，取消了经济庭，设立了数个民事审判庭和刑事审判庭，导致经济法的影响力大幅下降。这次改革虽有一定进步，但也存在很多问题，比如法庭不是按照部门法的性质设立的。德国既有普通法院，也有劳动法院、社会法院、行政法院和财税法院；英美法院则没有所谓的民庭、行政庭和刑庭这种体制。所以，当前的司法改革重新按照法律性质设立审判机构，比如知识产权法院、金融法院和网络法院。与经济法实施相关的机构是各级各类市场监管机构，如国家市场监督管理总局、证监会、银监会和保监会等机构。这些监管机构与经济法有着直接关系，是经济法的一个重要成就。因为经济法主要是通过监管机构执法方式而不是通过法院实施的，法院适用经济法的范围非常有限。

除了这几方面成就外，中国经济法在40年中还有其他方面的成就，因时间关系就不一一列举。

当然，经济法发展也存在以下几个方面的不足，包括经济法理论研究相对滞后，总论和分论之间存在着脱节，经济法实施体制还存在不足，学科影响力下降，本科教学和课程建设都存在很多不足。其中经济法理论的不足非常明显。自建立社会主义市场经济体制之后，国家加快了经济立法，通过借鉴国外立法经验，制定了大量的经济单行法，经济法制度发展速度很快，但是基础理论研究没有同步发展。这方面的问题较大：其一是经济法还没有形成本学科特有的基本概念和范畴，无法和民法、商法和行政法一样，使同学们非常容易掌握经济法是什么。其二是当前经济法理论还没有突出经济政策思维，把政策和法律等同。其三是经济法和行政法的关系还没有完全理清，许多学者仍然从管理行政法角度来看待二者关系。另外，经济法学界不关心民法、商法和行政法等相邻学科的发展和研究现状的问题非常突出。其四是经济法的体系也不完善，与市场体系存在着脱节。例如，现有体系将预算法视为宏观调控法，但2012年预算法修改后，预算法不再是宏观调控，而是规范政府收支行为的法，其法律责任都是政府的责任。但是，旧的思维仍然根深蒂固，没有与时俱进。

曾筱清（中国法学会证券法学研究会副会长、中央财经政法大学教授）：

前面三位教授讲得很好，他们表达的观点，我非常赞同。这些年，我本人主要从事金融法教学和研究，大学毕业后第一份工作是在中国银行上班，亲身经历了银行业的最初发展。从最初参加工作到现在的 40 年时间里，见证了我国金融业和金融法从无到有的发展过程。下面，我就从四个方面与大家一起回顾和分享：

一是我国金融业发展的几个阶段。金融法的调整对象是金融关系，金融及金融市场的发展是金融关系的基础。因此，了解金融业发展的几个阶段，有助于更好地了解我国金融法的发展过程。

二是我国金融法的发展及演进。从 30 多年前我接触的第一部金融法起，到现在门类齐全的金融法和基本完备的金融法体系，金融法发生了很大变化。

三是回应今天的主题，谈谈政府主导与市场主导问题。金融法在政府主导与市场主导中如何走向平衡？应该怎样调动市场之手发挥作用？

四是金融法与金融科技融合问题。金融法与互联网技术的融合，金融法与发达金融市场的融合，其特点是比较鲜明的。同时，金融法发展中不仅面临着新时代下的新问题，还存留着金融改革中没有解决好的既有问题，这些都需要关注和研究。

首先，简要回顾一下 40 年来我国金融业发展的几个阶段。1978 年至 1983 年是第一阶段，这一阶段的特征是大一统银行体制。1982 年我在中国银行上班的时候，还没有中国工商银行，那时中国人民银行既办理中央银行业务，也办理吸收存款、发放贷款业务，既是国家行政机关又是经营金融业务的实体。1984 年至 1992 年是第二阶段，这一阶段的特征是初步建立起中央银行体制。此阶段，1984 年中国工商银行成立，具体承接中国人民银行的工商信贷业务，此时中国人民银行专司中央银行职能和金融管理职能，银行机构及非银行金融机构数量发展迅速。1993 年至 2002 年是第三阶段，其特征是金融市场主体和金融基础设施进一步发展，建立起适应市场经济发展需要的金融分业管理体制。1993 年宪法确立国家实行社会主义市场经济体制，以此为契机，我国金融市场主体不断壮大，从四大国有专业银行到九大全国性和地方性股份制银行，从一家保险公司到二十余家，另有数量众多的证券公司以及数以千计的城市商业银行和农村信用合作社，还建立了沪、深证券交易所。第四个阶段与加入世贸组织有关，随着 2001 年加入 WTO，我国要履行开放金融市场的承诺，外汇业务、资本项目业务进一步发展，债券融资、股票融资等直接融资业务与间接融资业务平行扩大，多层次的金融市场和资本市场初步建立。2003 年至 2016 年是第四个阶段，其特点是中国银监会成立，建立了“一行三会”分业监管体制。此阶段，借助加入 WTO 和金融全球化的契机，金融市场进一步开放，金融机构创新能力增强，资管计划、影子银行、互联网金融问题相继出现。期间，经受了 2008 年全球金融危机的洗礼，遭遇了 2015 年股灾，见证了 2015 年 E 租宝事件。在“一行三会”体制下，“三会”依职能对金融机构实现机构监管，“一行”依金融产品性质对金融机构实行功能监管。2017 年到现在，是第五个阶段，其特征是对互联网金融、资管计划等影子银行问题进行综合治理，并关注金融控股公司的监管和立法问题。目标是综合治理金融分业监管漏洞和宏观审慎监管欠缺等问题，探索建立“一委一行二会”金融监管新体制。国务院金融稳定发展委员会的设立和银保监会的组建是标志性大事件，标志着我国意图在更高层次上建立起具有更高协同效率、更强执行力的金融监管体制机制。

其次，金融法从无到有，从单一化到层次鲜明。我国 1986 年才有第一部《银行管理暂行条例》，其中明确规定了中国人民银行是金融管理机关，除制定和执行货币政策外，还要统管金融机构。到 20 世纪 90 年代初，我国设立了证券发行和交易所，1993 年国务院出台了《股票发行和交易管理暂行条例》。但这还都只是起步。我经常跟学生说，1995 年是金融法元年，《中国人民银行法》《商业银行法》《保险法》《担保法》《票据法》等都在这一年制定并颁布实施，开启了我国金融法制新篇章。因为 1993 年修改宪法，确立国家实行社会主义市场经济。因此顺理成章，与建立市场化金融市场密切相关的基本法律在 1995 年集中颁布实施。随着 1998 年颁布《证券法》，2001 年颁布《信托法》，管理银行业、证券业、保险业和信托业金融四业的基本金融法已然齐备。但是，这些金融行业基本法主要是从金融机构市场准入和市场退出角度进行规范，对金融行为及金融活动的规范，在金融基本法里仅有原则性规定，对原则性规定的细化和更具操作性的管理规定，则由政府监管部门、政府主管部门制定和主导。

就金融法体系而言，从征信管理、反洗钱到外汇管理、外资金融机构管理，我国金融法体系已基本完备。但是，完备不等于完美；基本完备，不等于没有空缺。金融法的制定和完善是一个从无到有，从单一到多层次的体系化过程。由于金融基本法近 20 年没有修改，其中的原则性规定因过于原则而不具可操作性，具体规定因缺乏包容性而与发展中的金融实践相脱节。我认为，在我国，考察和探讨政府主导与市场主导二者的关系，除应观察政府与市场在金融资源配置中的作用和分工、金融资源配置在多大程度上由政府决定外，还要思考制定监管规则的机构与实施金融监管的机构是否分离，以及在多大程度上实现了两者分离。假如政府既是运动员又是裁判员，依法监管和监督问责就很可能只是徒具形式，甚至会加重政府主导金融市场、主导金融资源配置的中国特色并掩盖监管问题。这个问题，下面还会谈到。

因此，我国需要切实加强和推进金融基本法的修改与完善，在金融法律中回应金融全球化、金融科技以及金融创新等新问题。在更加完备的金融法制框架下，减少部门规章主导金融监管的数量并统一监管规则，避免监管竞争、降低监管套利风险，实现金融法治。

其三，我国金融法是怎样体现从政府主导到逐步由政府主导走向政府主导与市场主导相互平衡的。1986年《银行管理暂行条例》体现了鲜明的政府主导，明确规定银行既可以做银行业务也可以做信托投资业务，还能投资房地产，这导致了后来的海南房地产泡沫。此外，还规定了银行贷款额度管理，银行有钱但不是银行的钱都能去发放贷款，每年有贷款额度控制，只能在总的贷款额度内分配给各家银行具体额度。因为政府有贷款额度限制，银行不能发放贷款的钱一部分去购买政府国债，财政部发行的国债大多都由银行购买。一直到2008年全球金融危机影响到了我国金融市场，我国才取消了贷款额度控制。

市场经济应该让市场对金融资源配置起基础性和决定性作用。作为经济法学者，我认可金融市场包括证券市场和信贷市场等的良性发展，既离不开政府的适度调控和引导，也离不开法律对政府公权力的有效限制与约束。因为金融中介机构、发行人和投资者作为不同的市场主体，他们都有各自衡量市场风险和降低经营（投资）风险的专业能力和风险判断。然而现实中，政府往往过多地把市场应该自主决定的事项揽为政府职能。

政府主导市场的另一个问题是地方政府债务问题。最近看了《刚性泡沫》一书，其副标题就是政府担保，作者认为政府隐性担保、显性担保是中国现在经济所有问题的根源，地方政府债务的背后，是政府预算软约束。一些国有企业可以获得比民营企业更低融资成本的资金，甚至城投债，即地方城市建设投资公司发行的企业债券，其背后就有地方政府的隐性担保支撑。因此，金融法中明确政府的角色定位尤为重要，它是金融市场管理者还是金融活动参与者，是金融监管者还是金融发展促进者，都应该有明确的权力边界。金融发展与金融监管之间存在一定矛盾和利益冲突，对地方政府的约束和权力配置及问责，应当以法律的形式予以明确。

再结合证券市场来看政府主导与市场主导的关系问题。证券市场是具有高度专业化、技术化程度的资本市场，政府的职责，就是严格按照法律规定来监督和检查证券市场主体的证券发行和交易行为是否符合法律要求并查处违法行为，因此，市场主导是证券市场健康发展所必需的。但是，由于我国证券法的有些规定过于坚持原则，证券市场的政策和监管规定变动频繁，导致市场预期经常被无预期的行政措施所打破，很大程度上打击了市场信心，不利于市场稳定。这中间有法律不完善导致的监管空白和监管套利问题，监管措施变化是应对市场变化的需要；但也存在监管文件出台后与市场根本无法对接或者对接困难不得已过段时间再出台新监管文件的现象。因此，政府权力的边界问题，政府与市场的关系问题，仍应当是今后金融法律的修改完善中需要进一步加强和明确的重点问题。

最后一点，简单说一下金融法发展中的新问题。今天我们坐在一起畅谈 40 年来经济法的发展，从金融法角度看，走过 40 年，经济法取得了举世瞩目的成就。正如前文所说，40 年来，我国建立了门类齐全的金融机构组织体系和基本完备的金融法体系，这是金融法很大的成就。尽管如此，我认为，在政府和市场的关系上，金融法的制定和实施可能仍然有很长的路要走，依然任重道远。具体来讲，有三方面问题需要继续关注：

一是金融领域、金融市场面临着金融科技发展带来的机遇和挑战，金融法需要及时应对新问题。互联网金融、人工智能等金融科技，与传统的金融服务和金融产品相结合，是否会形成新型法律关系？是怎样的新型法律关系？金融科技发展背景下，金融服务和金融产品不断创新发展，包括金融资产证券化，使得金融产品越来越复杂，金融风险的识别和预防越来越有难度，所以金融法新问题永远都在路上。金融法追随着金融创新而发展，新的金融法律需要回应和解决新的金融创新问题，金融法不会止步于某一时间点，仍然有很多新问题要解决。

二是金融法的既有问题。例如政府和市场的关系问题，这个问题不是现在才出现的，是以前没有解决好的老问题，进入新时期依然需要关注。我们要继续探讨政府在金融市场发展中到底应该起着怎样的作用，市场如何才能够发挥基础性、决定性作用，这可能需要思考金融体制机制，包括金融理念应该怎样变化，是否需要又一次市场化改革才能够达到这些效果。

三是综合考虑金融法的不同功能，分类推出政府在哪些领域、哪些方面放松监管并加强自律的顺序和措施。金融法由金融组织法、金融交易法和金融监管（调控）法三部分组成。其中，金融监管（调控）法才是经济法的组成部分。政府是金融监管（调控）的当然主体，但又要依据金融法律处理好使市场在金融资源配置中发挥决定性作用和更好地发挥政府作用的关系问题。金融法原来没有解决好的问题，我们接下来怎么去解决？我们的信息披露制度、征信制度、失信惩戒和反欺诈制度等，是否与金融风险可控相匹配？如果金融市场的风险不可控，那么监管（调控）永远是需要的，也就是说我们去控制金融风险的这些征信体系、信用制度、金融交易制度，以及金融杠杆风险控制制度等，都还需要政府适度参与其中去完善风险防范和化解规则，去执法和监督。即便如此，我们仍要思考，关于金融杠杆问题，是政府给市场调节杠杆率，还是市场自己去控制风险并根据自身管理风险的能力来给自己加杠杆？以上这些老问题与新问题，还需要从多个角度结合起来综合考虑。

关于金融法研究和学习的感受，我与大家再分享两点。第一，研究金融法，离不开对金融市场的了解，所以学习金融法可能要求你对金融学有一定的了解。第二，学习金融法需要时刻关注金融市场的变化。金融市场好像是每天都在变，每天都会出现新问题，我们需要从制度层面、从法律关系本身去关注有没有新的金融关系出现，有没有新的金融风险出现，有没有新的法律关系出现。

郭洁教授提问：刚才听了各位专家的纵横谈，很有启发。本人在房地产法研究过程中对历史性的制度沿革梳理也有一定的体会，听完这个报告有一个问题请教专家。中国经济法学中，政策和法律的关系是宏观调控规范研究的一个时间穿透性的问题。对此，研究房地产法时都有困惑。从房地产法的现行立法来看，制度层面体现了较强的阶段性和跳跃性。刚才学者们总结改革开放40年，其中土地法制从1982年宪法规定国有土地使用权流转制度，即确立国有建设用地使用权出让制度，到后来城市国有土地使用权出让制度的建立，一直到现在，比经济法从改革开放诞生的40年还要延迟几年。中国房地产法治的发展脚步和经济法不仅同步，而且步伐更快，更具有跳跃性。房地产法制受宏观经济的影响非常大，政策变化也非常大。比如从2017年开始，习近平总书记提出“房子是用来住的，不是用来炒的”的房地产的定位之后，房地产市场又出现了新一轮的政策调整手段。之前从2003年开始，房地产市场泡沫严重，当时没有得到有效的抑制，因为当时房地产业被定位于支柱产业。发展到2013年之后，由于房价过快上涨，就又出现了抑制房价过快上涨，倾向民生保障等政策，但是房地产市场的结构性问题还没有从根本上解决。从2015年开始，克强总理提出保障性住房，到现在中央下决心进行保障性住房建设，包括在集体建设用地建设公租房，不管是农民集体自己开发、国家投资还是市场投资开发，形成多元化主体的市场化共建方式，增加保障性住房的供给总量。

一路走来，我们发现，导致房地产市场变化的依据并不是房地产法，也不是土地利用的总体规划，而是中央政策。中央政策发挥了很好的作用，但同时我们也注意到，政策有着很大的摇摆性和不确定性，还有边界的模糊性。前一段时间，住建部在征询立法评估意见，就是对商品房预售制度的存废进行再评估。在政府的权力清单中是否要保留预售许可制度？我觉得，政府拥有这个许可权是不容置疑的。如果商品房要不预售的话，很多小企业类的开发商就要退出市场。在我国，在现行的土地成本非常高的情况下，即使是有实力的开发商完全依靠自有资金来买地、开发建设也是不现实的。因此，我们仍然要保留预售制度，消费者的预付资金不监管根本不行。因为，如果政府监管缺失，消费者买房子的预付资金会被非常多的“跑路者”所欺诈。在地方调控层面，前年的调整政策是去库存，今年（2018年）又抑制房价。这两个是完全相反的政策调控方向。现在市场涨价政府又降房价。从法理上，在调控手段上可以调节相关的税费，但是不宜通过行政手段来抑制房价。房价波动是市场行为，政府抑制没有合理性。政策调控房价是政策还是法律问题？房地产法研究和立法没有一个回应。总体上，个人认为，这两年，房地产市场宏观调控制度可概括为“三个一”的状态：“一窝蜂”“一刀切”“一边倒”。所以，我想请教大家，在经济法中有一个隐性的法源，就是政策。从房地产市场法制领域，宏观调控法没有发挥太大作用，现行法中已有城乡规划法，但是规划本身不是法。问题就出来了，如果不是法我们遵循什么？政策和法律的边界怎么处理？

薛克鹏教授回答：针对郭老师的问题，我认为：我国的楼市其实和股市有一个非常相似之处，一个是政府的位置摆得不对，第二个是用政策问题。其中最大的问题是政策代替法律、超越法律。房地产法不是私法，不是完全的市场决定因素，还需要有政府。但政府不管是监管还是调控，需要依法进行。但是这个领域政策现在已经代替了法律。现在我们有的学者把经济法的政策提得非常高。政策其实不神秘，就是中共中央或者国务院以及部委主要领导制定的文件，不像法律，需要严格的程序。应当说，凡是涉及市场主体权利和义务内容的，都不应该属于政策范围，而应当由法律规定。现在不是说政策不好，政策必须要有的，比如说货币政策。但是我们法律人要考虑怎样防止政策超越法律、用政策限制公民权益。我认为，经济法的主要任务之一是规范政策制定行为，而不是跟着政策走。为什么？郭老师刚刚提到的房地产领域的乱象，其实就是与中央和地方政策有关。这种政策不是法律，美其名曰调控。但政府调控行为如果不受法律控制，就会变成政府任意干涉市场的理由。这一点在房地产市场最为明显。政府在房地产市场中如何摆对位置？中央和地方权力如何划分？政府应该怎么样调控？这都是法律问题。我的基本观点是，经济法必须是规范经济行为包括政府行为的法，其中调控法应当是规范政府调控行为，包括制定和实施经济政策的法，而不是实施经济政策的法！

杨松（辽宁大学法学院院长、博士研究生导师）：

主席台的各位老师同学，前面四位专家分别从宏观、微观、理论、实践等方面对经济法学 40 年的发展、经验问题等进行了深入浅出的报告，他们的演讲让我很受启发。比如，全兴教授在报告中明确提出来，我们应该在什么情况下回顾经济法 40 年、怎么去回顾、回顾什么，这给了我们一个思考 40 年发展的方向性的启示。全兴教授分析了经济法的成就和不足，这对于我们站在更广大的视角上、站在一个高度上去分析经济法发展的格局以及今天的成就和不足，非常有启发性。对于学理上的总结，包括人才队伍、学科建设都体现出来大格局、大视野。刚才孟洲老师从体系化的角度，以经济法治的体系化整体性的思维，把经济法的发展梳理和分析得脉络非常清晰。十九大报告提出了建立现代化经济新体系，孟洲老师以如何建立现代化的经济体系作为基础，分析了未来我国经济法发展会面临的问题和发展思路，接下来还分析了通则的结构，这个也确实非常有全局性和前瞻性，体现了经济法通则制定的先进性。

曾筱清教授是著名金融法学专家，她介绍了自己多年来见证的金融法发展的历程，从中分析了政府和市场关系及如何平衡等，我也很受启发。克鹏教授长期以来为经济法基础理论的发展做出了不凡的贡献，对经济法理论创新颇有建树。他的报告深入浅出，让我们又一次感受到理论的魅力。

我简单谈一点我的感受。经济法学 40 年的发展，正是伴随着我国改革开放 40 年，经济法也走过了 40 年的发展，这里有很多值得总结思考的地方。我记得 10 年前，我们研究会和很多大学、研究机构纷纷对经济法 30 年的成绩作了回顾和总结。有不止一个大学的经济法研究机构，拿出来了总结资料让经济法学界讨论，我们召开了多次学术研讨会，出版了一系列文集等，这对于系统总结经济法发展规律、凝聚经济法学界共识、更好地发挥经济法在治国理政中的作用，都具有非常重要的意义。

今年是改革开放40年，我们面临着一个非常重要的历史节点，这是经济法学人必须要考虑、一定要考虑的。我们国家整个政治经济社会的发展呈现了巨大变化，我们知道十九大之后中央提出建立现代化经济新体系，为此要全面深化改革。经过改革开放的40年，国家取得举世瞩目的成就，这充分证明了我们选择了一条适合中国经济发展的制度和道路，我们的经济制度正在不断地发展和走向成熟，有很多经验可以总结。同时，我们也应该看到，国家在经济和社会转型时期，也面临着巨大挑战和困难，我们也有着“中等收入陷阱”的问题，互联网等新经济形态出现后，更多的经济行为没有纳入到监管当中或者没有纳入到政府的规制当中，从而出现了大量社会乱象，比如民间金融、P2P、食品安全问题、环境问题等。一方面我们对国家的法治建设充满信心，另一方面我们又要思考如何走出中等收入陷阱。同时，我们今天还要考虑到一个非常重要的背景，就是今天的中国国际地位有了明显提升，在诸多国际事务中发挥了重要的作用。

今天的中国在全球所处的地位决定了我们在思考国内的法律制度的变化和成就的时候，一定要把它放在一个全球化背景下去考虑，因为我们一项国内政策的制定、国内制度的变迁都会影响到其他国家甚至是国际规则的发展。中国的“一带一路”倡议，是中国为全球治理提供的重要公共物品。今天我们面临中美贸易摩擦，这是很重要的例子，它让我们看到那些市场经济相对比较成熟的发达国家，越来越注意到中国的成就，这个成就就是市场经济发展的成就，其中就有法治的作用。今天我们在总结经济法学40年的时候，国际国内的背景是一定要讨论到的。

我们改革开放40年，很重要的两条主线都和经济法密切相关，一个主线是市场化，一个主线就是法治化。我们说市场化，就市场化这个主线来看，20世纪80年代的时候，我们国家的经济发展比较曲折。1984 年提出了社会主义市场经济，当时是有计划的商品经济。到了 1987 年以后，计划与市场结合。但是，那个时候是国家调节市场、市场调节企业行为，不是很成功，1989 年出现了计划经济和市场相结合的做法，当时的经济发展是有一些停滞的。1992 年国家明确提出要走中国特色社会主义的道路。到了 1993 年三中全会之后，我们提出了市场在资源配置当中起基础性作用，这个时候你要注意到，我们国家提的是市场在资源配置中基础性作用。2005 年之后又提出了国家管理，那个时候国有经济体现了主导地位，实践中出现了国进民退的做法。

十八届三中全会中央全面深化体制改革的决定，进一步地指出了市场在资源配置中起着决定性作用，而且在十八届三中全会的报告中提到我们要实行 336 项改革措施，那个改革措施涉及经济、社会、文化、法治等方方面面，可以说，到了十八大之后我国市场化的进程大大推进，迈上了新台阶。我们知道 2017 年十九大报告进一步地明确了政府和市场之间的关系，建立现代化经济新体系当中，市场的作用一定是一个主导的作用。这样一个理念应该说在我们国家整个的经济发展治理当中，已经慢慢地成为了一个主导的理念。改革开放 40 年的实践，充分证明了市场化思路是中国经济突飞猛进的法宝。

还有一个法治化思路，刚才前面几位老师都做了这个方面的说明。我们都知道，从 1978 年党的十一届三中全会提出要建设社会主义法治之后，中国就开启了法制建设的进程。然后，1982 年宪法开启了建立社会主义法律体系的努力。之后，1997 年党的十九大提出依法治国建设社会主义法治国家。到 2002 年李鹏同志当时任全国人大常委会委员长的时候明确提出，我们国家已经初步形成了有中国特色的社会主义法律体系。到了 2010 年，中国特色社会主义法律体系已经形成，七大法律体系当中就有经济法。到了 2014 年，十八届四中全会，在党的文件中推行全面依法治国，把我们的法治化提得更加深入、更加全面，而不仅仅是制定这些法律。还要有什么呢？

比如说，要有法治理论、法治规范体系、法治实施体系、法治监督体系、法治保障体系，是一个非常系统的法治体系。到了2017年，十九大报告当中又对法治建设有了六个重要的提升，比如说依宪治国。当然，这些和经济法没有直接关系。这个其实就是一个法治化过程。在40年的发展历程中，刚才我说市场化和法治化是两条主线，你会发现当这两条主线结合得非常好的时候，那个阶段一定是我们国家经济发展很好的阶段；这两个结合得不是特别好的时候，经济上就出现了一些乱象或者市场会出现问题。

所以总结改革开放40年的经验，我们有一个非常重要的贡献，就是我们提出了市场经济就是法治经济。我们应该重视这个理念和这个理论，它至少阶段性地证明了法律在整个现代中国治理体系当中的重要性，这里面就涵盖了经济法在未来经济发展的基本功能和基本定位。所以，市场化和法治化结合得好，一定是国家整个经济发展拥有好的态势的标志。

这里要具体到金融领域。我为什么谈金融领域？我们可以看到，很多经济行为，刚才孟洲老师也提到了在社会生产、分配、消费、交换几大环节中，金融都发挥着重要作用。金融作为一种交易活动，虽然本身不创造价值，但是却为经济活动创造价值提供了非常重要的资金支持。金融活动本身就是以价值的流通为核心的，价值流通就成为整个经济活动、经济流通的核心，所以在这个意义上，我们说金融是现代经济的核心，而且在更大的层面上，金融实际上影响到社会整体发展的状况。我们对金融法40年发展的关注和研究，实际上能够很好地诠释经济法40年的贡献和功能。

金融法的发展和市场经济是密切相关的，比如说金融的市场准入、金融的经营行为、金融的市场退出以及金融调控和金融监管等，这些都有国家金融立法对金融行为的规制的证明。金融是不可以不规制的，因为金融的风险太大，它直接触及经济运行，甚至动摇经济稳定和经济安全。那么，我们在总结金融法治40年经验时，应该总结出什么？这是非常值得思考的。中央的金融权力和地方金融权力之间的关系，一直都被忽视，没有得到很好的研究，它恰恰反映了经济法存在的缺陷。中央和地方的金融权，它们之间到底是什么关系？到底可不可让地方立法。其实，在中央地方监管关系当中有两种模式：一种像德国，就是中央政府覆盖全国的金融监管体系，然后统一来实施监管；另一种是指双层监管，实际就是中央和地方都有相对独立的金融监管机构和体系，各自有相对独立的监管对象，甚至分别制定自己的金融监管规则。这就是权力的配置问题。我们国家的金融体制的特点是什么？它的规则始终是一个自上而下的制度，但是越来越多的金融行为恰恰是自下而上出现和形成的，比如正规金融之外的一些民间金融和地方金融的出现，而且所占的比重和正规金融相抗衡。所以，我们总结这 40 年要看到这样的特点。

我们国家的央地金融监管关系——经历了不同阶段，从一开始，国家金融监管权尝试下放；之后权力整体回收，双层监管体系初步形成。进入双层监管体制下的监管需要协调，直到 2017 年全国金融稳定委员会成立之后，形成新的监管体制下的中央地方监管权的配置。这样的发展过程，其实恰恰反映了我们国家经济权力的中央和地方之间的关系特点，每一个阶段就不详细展开了。整体回收正值东南亚经济危机，那个时候造成了一定的经济抑制，但是规范了金融秩序，后来出现了地方金融办，中央建立了部际联席会议，双层监管体制形成。在座的大家都知道，2014 年开始出现大量互联网金融，跨行业、跨地区的风险已经远远超过了传统金融发展的态势，所以这就出现了大量的监管协调，国务院开始出台了一些监管的政策和制度。

2016 年，国家曾经专门颁布了一个《网络信贷信息中心机构业务活动管理的暂行办法》，2017 年又有中央的 23 号文，就是关于服务实体经济、防控金融风险、深化金融改革的若干意见。23 号文当中首次系统地明确了地方金融监管对象，这个时候我们国家才真正从法律上有了中央地方监管权分权的态势。我曾经做过几次调研，调研对象都说很麻烦，实际上这里面确实是反映了当前我国金融监管权限不够清晰的情况，地方监管至今还没有很明确的法律依据。还有一个是地方的监管还是一个机构监管的特点，但是实际上目前整个的金融行业已经出现了这样的跨行业的功能金融的趋势，所以功能监管、穿透式监管和审慎监管，在地方监管当中根本没有体现出来。还有，地方金融还没有做到统一归口，你说省有金融办，那么市、县怎么办？地方的这些机构分布是很零散的，实际上部分金融业在监管当中，地方政府的处置责任也没有明确的规定。

金融存在着跨地域的风险，中央地方的监管协调机制也没有很好地建立起来。一方面要完善地方监管体系，另一方面中央监管部门如何协调，如何在中央立法的同时给地方监管以实施细则的规定权，这都是需要考虑的问题。后面的问题就不展开了。

关于地方金融监管当中，能不能制定一些适合地方金融发展的立法，对于这个问题现在还没有明确规定，地方还面临着非常大的问题。还有，地方金融监管责任外部如何对它进行监督？最后一个问题是，中央和地方如何协同监管？这些问题我会进一步研究，请各位老师给我指导，也请各位同学来分享。

《反恐法》与涉“恐”法关系论*

王燕飞**

内容摘要：从整体论—个体论剖析了《反恐法》与涉“恐”法律的内在与外在关联关系。在整体论层面，《反恐法》包含着多种法律规范内容，呈现的形态是多样的；《反恐法》与散落在其他法律中的反恐规定虽然有着历史渊源关系，但是在立法层面以不同方式显示出来，并在总体上形成一种综合、发展甚至转变的趋向。在个体论层面，《反恐法》与涉“恐”法律不仅涉及相互之间如何衔接问题，更为重要的是在理论层面应相互自洽、融合，以促进其发展，发挥耦合的作用。《反恐法》与相关法律是相互支持、相互作用的关系。更好地处理好《反恐法》与相关法律的内在关系结构，可以促进我国反恐战略有效实施。两者关系在未来发展上，需要进行双重推进，使得各自更为完善。

关键词：《反恐法》　涉“恐”法律　整体—个体关系论

---

* 本文是中国法学会部级法学研究课题：“《中华人民共和国反恐怖主义法》实施状况实证研究”（项目编号：CLS（2016）D55）的阶段性成果。

** 王燕飞，湖南大学犯罪学研究所教授、所长，研究方向：刑法学。

2015年12月27日第十二届全国人大常委会第十八次会议通过了《中华人民共和国反恐怖主义法》（简称《反恐法》），2016年1月1日予以施行。作为一部综合性反恐的基础性法律，《反恐法》与我国整个法律体系中众多法律有着密切关联，尤其是与其中有反"恐"规定条款的有关法律，形成了错综复杂的关系。因此，在理论上准确揭示出立法精神，厘清其内在关联与作用规律，整体上把握反恐法治要义，以及在实践上分清各自的具体界限，把握好面对的现实法律问题，成为研究《反恐法》的一个重要面向。在此，笔者试图从宏观层面对《反恐法》与相关法律的外在关联性进行量化分析，然后在此背景下从微观层面对一些"反恐"具体条款的内在关系进行个体性探讨，从而有利于实践上加以具体把握，准确运用。

一、整体论：范围、形式与实质

为了客观、全面了解《反恐法》在法律体系诸法中的密切关联程度，我们尝试根据全国人大常委法制工作委员会刑法室主任王爱立主编的著作❶中对于《反恐法》之解读所界定的该法各条文的"相关规定"，依据"宪法""基本法律""法律"（基本法律以外）、"法规"以及"其他"五类进行分类统计，整体状况见表1。

表1　《反恐法》与涉"恐"法关联条文统计表

类别	《反恐法》相关条文	关联法律及法条	数量	说明
宪法	第1条、第2条、第6条、第30条、第44条、第57条、第71条、第78条、第81条、第94条、第97条	①宪法：（第28条）、（第32条）、（第4条、第5条、第33条、第36条）、（第129条）、（第27条）、（第67条、第80条、第89条）（第93条）（第13条）（第41条）；②立法法（第57条）	11/2	

❶ 参见王爱立：《〈中华人民共和国反恐怖主义法〉解读》，中国法制出版社2016年版，第6—377页。

续表

类别	《反恐法》相关条文	关联法律及法条	数量	说明
基本法律	第3条、第11条、第16条、第26条、第28条、第29条、第30条、第45条、第48条、第54条、第66条、第68条、第70条、第76条、第78条、第79条、第80条、第81条、第82条、第83条、第84条、第90条、第94条、第95条、第96条	①刑法：（第120条、第191条、第311条、第312条）（第8条、第9条）（第120条第3款、第4款、第5款、第6款）（第114条，第191条，第120条第1款、第2款、第3款、第4款、第5款、第6款，第121条、第232条、第234条、第311条、第318条）（第219条、第246条、第253条、第398条）（第311条，第312条第1款~第3款、第5款、第6款，第114条，第115条，第232条，第239条）（第13条，第120条第1款、第3款、第5款、第6款）（第13条，第120条第4款）（第310条、第311条）（第286条）（第290条第1款）（第397条、第398条、第399条）；②刑诉法：（第20条、第21条、第22条、第216条、第217条、第248条）（第24条）（第253条）（第148条）（第4条、第107条）（第18条、第107条、第160条）（第17条）（第48条、第195条）（第62条）（第143条）；③物权法：（第44条）；④婚姻法：（第8条、第31条）；⑤行政诉讼法：（第12条、第44条）	24/5	前者为《反恐法》相关条文数，后者为关联法律类总数

续表

类别	《反恐法》相关条文	关联法律及法条	数量	说明
法律（基本法律以外）	第2条、第4条、第6条、第8条、第14条、第17条、第20条、第21条、第22条、第23条、第24条、第25条、第26条、第27条、第32条、第36条、第38条、第39条、第40条、第45条、第48条、第50条、第52条、第55条、第57条、第59条、第61条、第62条、第63条、第64条、第65条、第67条、第71条、第72条、第73条、第75条、第78条、第83条、第85条、第86条、第87条、第94条、第95条、第96条	①引渡法：（第8条）（第3条）；②国家安全法：（第3条、第6条、第8条、第9条、第28条）（第7条）（第18条）；③国防法：（第32条）（第28条）（第22条）；④人民警察法：（第2条）（第2条、第6条）（第16条）（第9条）（第15条、第17条）（第10条）（第37条）（第34条）（第13条）；⑤反洗钱法：（第0条）（第3条、第16条）（第2条~第4条、第8条、第15条、第16条、第18条~第20条、第23条~第26条、第32条、第34条~第36条）（第12条）（第27条）（第34条、第35条）（第32条）（第26条）；⑥村民委员会组织法：（第2条、第9条）；⑦城市居民委员会组织法：（第3条）；⑧邮政法：（第24条、第25条）（第3条）（第75条）；⑨航空法：（第102条）（第3条）；⑩铁路法：（第65条）；⑪枪支管理法：（第2条、第3条、第18条、第46条）（第0条）（第12条）；⑫传染病防治法：（第6条、第16条~第22条、第26条、第27条）（第0条）；⑬人民银行法：（第4条、第32条）；⑭银行业监督管理法：（第15条）；⑮证券法：（第179条）（第7条）；		

续表

类别	《反恐法》相关条文	关联法律及法条	数量	说明
法律（基本法律以外）		⑯保险法：（第9条）；⑰审计法：（第2条、第16条～第30条）；⑱税收征收管理法：（第5条、第14条、第54条～第59条）；⑲海关法：（第2条、第6条、第46条）（第2条、第6条）；⑳城乡规划法：（第4条）（第4条）；㉑监狱法：（第58条）；㉒突发事件应对法：（第22条、第23条、第24条）（第17条、第18条）（第7条、第8条）（第56条）（第8条、第14条、第48条、第50条、第69条）（第15条）（第49条）（第53条、第54条）（第58条～第61条）（第61条）（第62条）（第14条）（第31条）（第61条）；（23）消防法（第16条、第17条）；（24）人民武装警察法（第7条、第10条）（第15条）（第26条）（第22条）；（25）出入境管理法（第6条、第11条、第24条、第27条、第50条）（第12条、第21条、第25条、第28条、第59条、第60条）（第6条、第11条、第24条、第27条、第50条、第59条）（第65条）；（26）护照法（第13条）；（27）进出境动植物检疫法（第2条、第3条）；国境卫生检疫法（第2条、第3条）；（28）反间谍法（第12条）（第11条）；		

续表

类别	《反恐法》相关条文	关联法律及法条	数量	说明
法律（基本法律以外）		（29）治安管理处罚法（第82条、第85条、第87条）（第56条）；（30）商业银行法（第29条、第30条）（第10条）；（31）行政强制法（第25条、第32条）（第28条、第33条）（第2条、第4条、第5条、第6条）；（32）戒严法（第3条、第13条、第19条）（第14条、第18条）；（33）行政处罚法（第30条、第36条、第39条）（第4条、第6条、第8条、第15条、第16条）；（34）预算法（第16条）；（35）保险法（第7条、第8条）；（36）义务教育法（第2条、第59条）；（37）关于加强网络信息保护的决定（第5条、第6条）（第6条）（第5条、第11条）、维护互联网安全决定（第7条）；（38）公务员法（第55条、第56条）；（39）行政复议法（第4条、第6条、第9条）	44/39	前者为《反恐法》相关条文数，后者为关联法律类总数
法规	第8条、第19条、第20条、第21条、第22条、第24条、第25条、第26条、第38条、第39条、第40条、第53条、第61条、第62条、第63条、第65条、第75条、第83条、第87条	民兵工作条例（第3条）；电信条例（第57条、第62条）；旅游业治安管理办法（第6条）；民用航空安全保卫条例（第27条）；铁路安全管理条例（第64条）（第100条）；金融机构反洗钱规定、金融机构大额交易和可疑交易报告管理办法；金融机构客户身份识别和客户身份资料及交易记录保存管理办法；财政部监督办法（第2条、第3条、第16条）；人民币管理条例（第30条）、国家货币出入境管理办法（第3条～第6条）、外汇管理条例（第14条）、飞行基本规则（第4条）、		

续表

类别	《反恐法》相关条文	关联法律及法条	数量	说明
法规	第8条、第19条、第20条、第21条、第22条、第24条、第25条、第26条、第38条、第39条、第40条、第53条、第61条、第62条、第63条、第65条、第75条、第83条、第87条	出入境边防管理条例、边境管理区通行证管理办法；出入境边防检查条例（第15条）；海关行政处罚实施条例；大型群众性活动安全管理条例（第2条）；无线电管制规定（第2条、第5条）；人民警察使用警械和武器条例（第9条~第13条）；政府信息公开条例（第10条）、互联网信息服务管理办法（第15条）；社会救助暂行办法、自然灾害救助条例、关于建立完善国家司法救助制度的意见（试行）（第2条、第3条）；军人抚恤优待条例（第2条、第13条、第16条、第18条、第23条、第27条、第34条、第38条、第39条、第40条）、烈士褒扬条例（第11条~第22条）、工伤保险条例（第15条）、关于加强见义勇为人员权益保护的意见；支付机构反洗钱和反恐怖融资管理办法（第2条）、非金融机构支付服务管理办法（第2条）	19/36	前者为《反恐法》相关条文数，后者为关联法律类总数
其他	第2条、第3条、第22条、第24条、第26条、第72条	难民公约与协定书；打击恐怖主义、分裂主义和极端主义上海公约；塑性炸药加注识别剂以便探测的公约；制止向恐怖主义提供资助的国际公约、联合国打击跨国有组织犯罪公约（第7条）、金融行动特别工作组《特别建议》第9项、联合国反腐败公约（第46条）、中华人民共和国和日本国关于刑事司法协助的条约	6/8	前者为《反恐法》相关数，后者为关联法律类总数

经上述统计，《反恐法》与涉“恐”法的关联现象显示出三个问题。

（一）《反恐法》与涉“恐”法的关联广泛

从范围上看，《反恐法》与涉“恐”法关联条款涉及的面非常宽泛，各种法律规范形式均与其有密切关系，在数量上呈现出一定的差异性。具体而言，《反恐法》不仅涉猎了宪法有关内容、《刑法》、《刑事诉讼法》等基本法律的相关内容，还与基本法律以外的专门性法律如《人民警察法》《突发事件应对法》《反洗钱法》《出入境管理法》等39部法律相关内容有着密切的关联。此外，该法与国际公约、条约的有关规定也有着特定关系；与国内的36部法规或规章等规范性文件相关规定有着特别的关系。不过，从总体上，《反恐法》与不同类型的法律规范关联的总体数量存在很大的差别。仅举典型如下：

在宪法规范层面，《反恐法》中的10个条款涉及宪法中的15条款规定，即《反恐法》的第1条、第2条、第6条、第30条、第44条、第57条、第71条、第78条、第81条、第94条分别与宪法第28条、第32条、（第4条、第5条、第33条、第36条）、第129条、第27条、（第67条、第80条、第89条）、第93条、第13条、第36条、第41条有着直接关系。

在刑法规范层面，《反恐法》中的14个条款与刑法中23个条款有着关联，即《反恐法》第3条、第11条、第28条、第30条、第48条、第54条、第66条、第79条、第80条、第81条、第82条、第84条、第90条、第94条条款分别与刑法第120条、（第8条、第9条）、（第120条之第3款、第4款、第5款、第6款）（第311条、第318条、第114条、第120条、第191条、第120条之第1款—第6款、第121条）（第219条、第246条、第253条、第398条）（第120条、第120条之第1款—第6款、第311条、第322条）（第120

条、第120条之第1款、第2款、第3款）（第120条、第120条之第1款—第6款、第322条、第239条）（第13条、第120条之第3款、第5款、第6款）（第13条、第120条之第4款）（第310条、第311条）第286条、第297条、第397条—第399条条款有着直接关系。

在基本法律之外法律规范层面，《反恐法》中的13个条款与《突发事件应对法》中的20个条款有着关联，即《反恐法》第32条、第55条、第56条、第57条、第59条、第61条、第63条、第64条、第65条、第67条、第71条、第73条、第75条条款与突发事件应对法（第22条、第23条、第24条）（第17条、第18条）（第7条、第8条）（第8条、第14条、第48条、第50条、第69条）第15条、第49条、第53条、第54条、第58条—第61条、第61条、第62条、第14条、第31条、第61条条款有着直接的关系。

需要特别指出的是一种“混合型”关联的复杂情形，即《反恐法》的一个条文，与三部以上不同性质法律的条款有着密切的关联性，如《反恐法》第22条对于危险物品的管控规定，就与《枪支管理法》（第2条、第3条、第18条、第46条）《传染病防治法》（第6条、第16条—第22条、第26条、第27条），《管制刀具认定标准》《危险化学品安全管理条例》（第3条、第15条），《民用爆炸物品安全管理条例》（第2条、第15条、第23条、第50条），《核材料管制条例》《民用核安全设备监督管理条例》《放射性同位素与射线装置安全和防护条例》《塑性炸药加注识别剂以便探测的公约》9部法律相关内容有着直接关系。又如《反恐法》第24条中反洗钱部门对涉恐融资的监管的规定，就与《反洗钱法》（第2条—第4条、第8条、第15条、第16条、第18条—第20条、第23条—第26条、第32条、第34条—第36条），《人民银行法》（第4条、第32条），《中华人民共和国银行业监督管理办法》（第15条），《中华人民共和国证券法》（第179条），《中华人民共和国保险法》（第9条），《金融机构反洗钱规定》《金融机构大额交易和可疑交易报告管理办公法》《金融机构客户身份识别和客户身份资料及交易记录保存管理办法》《制止向恐怖主义提供资助的国际公约》《联合国打击跨国有组织犯罪公约》（第7条）10部法律规定的相关内容有着密切的关系。诸如此类的法条在《反恐法》中还有第8条、第19条、第20条、第21条、第22条、第23条、第24条、第25条、第26条、第32条、第38条、第39条、第40条、第45条、第52条、第57条、第61条、第62条、第63条、第65条、第68条、第71条、第73条、第75条、第78条、第81条、第83条、第86条、第87条、第94条、第95条、第96条，共计32条，占总体法条数的35.05%。

（二）《反恐法》对涉“恐”犯罪的规定方式

在立法技术层面，《反恐法》所呈现的与涉“恐”犯罪关系形态的方式主要是一种提示性的规定，也就是《反恐法》的条款作出提示性规定，不同程度地明确与相关法律的关系。具体而言，一种是“依法”或者“依照规定”一般性提示规定，该法中有第2条、第8条、第11条、第24条、第28条、第40条、第48第2款、第66条、第78条第2款、第79条、第94条，以及第14条、第20条、第22条第2款与3款、第23条、第36第2款、第38第2款、第43条、第45条、第75条，共计20条（款）。另外一种是“依法律”或者“某法律”的具体性提示规定，该法中有第8条第2款的“依照本法和其他有关法律、行政法规、军事法规以及国务院、中央军事委员会的命令”，第16条“根据刑事诉讼法的规定”，第19条“依照法律、行政法规规定”，第25条“依照法律、行政法规的规定”，第32条第3款“应当依照法律、行政法规规定”，第50条“依照有关法律规定”，第54条“应当依照刑事诉讼法的规定”，第57条第3款“依照宪法和其他有关法律规定”，共计8条（款）。可见，从总体上，该法提示性规定总量为28条（款），占总体法条数的28.86%。

此外，该法中还有一种是隐含式形态，也即《反恐法》没有提示性规定，而是将相关法律的规定内容明确、具体化，甚至与其他法律规定具有较大类似性。例如，《反恐法》第 2 条第 2 款规定：“国家不向任何恐怖活动组织和人员作出妥协，不向任何恐怖活动人员提供庇护或者给与难民地位。”很显然，这一款的规定是对宪法第 32 条第 2 款关于中华人民共和国对于因政治原因要求避难的外国人，可以给予庇护的权利的否定性规定，表明对于任何恐怖活动组织人员，我国绝不提供庇护或者给予难民地位的立场与态度。又如《反恐法》第 55 条建立健全恐怖事件应对处置预案体系的规定，与《突发事件应对法》第 17 条、第 18 条的规定近似；第 61 条恐怖事件的应对处置措施的规定，与《突发事件应对法》第 49 条之规定相类似；第 68 条关于开展国际合作的依据和原则的规定与《刑事诉讼法》《反洗钱法》《引渡法》均有类似规定❶等。

可见，从外在形式上，《反恐法》在立法上不同程度地显示了与有关法律的关系。即有的明确表明了具体是哪一部法律，如指明根据刑事诉讼法的规定；有的一般性地指明根据法律或者行政法规的规定，说明引证的法律渊源；有的是对法律一般原则或者精神具体的体现；有的在法条的结构与外观上显示出类似性。从总体上，上述关联分析不仅昭示出《反恐法》与涉“恐”法律相互之间体系性的内在关系与特点，也反映出这部《反恐法》的发展渐变过程与累积演化的历史。对此，2014 年 10 月 27 日的第十二届全国人民代表大会常务委员会第十一次会议上的《关于〈中华人民共和国反恐怖主义法（草案）〉的说明》做了如下阐释：“全国人大及其常委会高度重视反恐怖主义法律制度建设。刑法、刑事诉讼法、反洗钱法、人民武装警察法等法律，对恐怖活动犯罪的刑事责任、惩治恐怖活动犯罪的诉讼程序、涉恐资金监控等作了规定。2011 年 10 月，全国

❶ 参见郎胜、王爱立：《〈中华人民共和国反恐怖主义法〉释义》，法律出版社 2016 年版，第 248—248 页。

人大常委会通过了关于加强反恐怖工作有关问题的决定。此外，我国还缔结、参加了一系列国际反恐怖主义条约。随着反恐怖主义斗争形势的发展，反恐怖主义法律制度建设面临着新的情况和要求：一是，党中央从维护国家安全的高度出发，对加强反恐怖主义工作作出了一系列重大决策部署，我国在防范和打击恐怖活动中也取得一些成功经验，有必要通过制定反恐怖主义法，以法律的形式确定下来；二是，现行法律对反恐怖主义有关工作作了规定，但分散在不同的法律文件中，需要进一步规范完善；三是，反恐怖主义工作的体制机制还存在一些迫切需要通过立法解决的问题。据此，根据总体国家安全观的要求，在现有法律规定的基础上，制定一部专门的反恐怖主义法是必要的。”由此，《反恐法》立法草案的说明揭示出了《反恐法》集成、综合、创新、现实的面向，涉恐法律体系在历史建构中最终形成了制度的整体，历史性的法律积淀占据了主导、核心的地位。

（三）《反恐法》与涉“恐”法律外在关系实质的多样化

《反恐法》与涉“恐”法律的外在关系是多元复杂的，大致存在三种情况。

1. 一般性（抽象性）与特殊性（具体性）关系

对于反恐怖主义的专项立法需要在遵循法治的基本原则与基本精神下进行，需要认真贯彻与落实宪法有关规定，需要在不违反与沿袭基本法律的基本框架与轨迹下进行，需要将国际公约内化为国内立法。正是这样，《反恐法》中有关反恐的原则、指导方针以及相关的反恐措施、人权保障、反恐工作机制体制问题，往往是宪法、基本法等规定的精义：或者是其原则的特别体现，或者是其制度、措施的精细化，或是其法治精神的具体化等。《反恐法》进行这样的立法，是具有很强的现实针对性的，也是法治体系内在和谐的体现。

如《反恐法》第6条第2款规定，“在反恐怖主义工作中，应当尊重公民的宗教信仰自由和民族风俗习惯，禁止任何基于地域、民族、宗族等理由的歧视性做法。”显然，这一规定不仅是贯彻宪法关于民族平等、宗教信仰自由原则的具体体现，也是针对反恐实践中出现“针对特定地域、民族、宗教、群体的人的公共汽车拒载、出租车拒租、宾馆拒绝提供住宿服务等歧视做法，注意避免工作简单化、片面化”[1]的现实问题而有针对性的特别立法反应。

2. 转化升级关系

大量的散落在有关法律、行政法规或者规章中的反恐规定在《反恐法》中进行了专门性规定。这突出体现在有36部法规中规定的内容转化升级在《反恐法》中作出了专门性规定，大约有30余部的法律有关规定在《反恐法》中实现了转化升级，变得更加细密严厉。前者体现的是一种行政法规或者部门规章等规定质变为“法律”的规定，提升了立法层次与效力，更加有利于有效规制反恐活动；后者往往规定得更加细密、具体，加重了处罚，呈现出一种量的变化。如《治安管理处罚法》第56条规定，旅馆业的工作人员对住宿的旅客不按规定登记姓名、身份证种类和号码的，处200元以上500元以下罚款。而《反恐法》第86条第2款则规定，“服务提供者未按规定对客户身份进行查验，或者对身份不明、拒绝身份查验的客户提供服务的，主管部门应当责令改正；拒不改正的，处10万元以上50万元以下罚款，并对其直接负责的主管人员和其他直接责任人员处10万元以下罚款”。

3. “临界毗邻”关系

《反恐法》中的法律规定与有关法律规定内含着一个界限区分的关系，需要整体把握，才能揭示出立法精神，达致各规则的准确适

---

[1] 参见郎胜、王爱立：《〈中华人民共和国反恐怖主义法〉释义》，法律出版社2016年版，第35页。

用。如《反恐法》第五章“调查”规定，与刑事诉讼法关于“立案”与“侦查”有关规定就存在这种关系。根据《反恐法》第54条规定：“公安机关经调查，发现犯罪事实或者犯罪嫌疑人的，应当依照刑事诉讼法的规定立案侦查。本章规定的有关期限届满，公安机关未立案侦查的，应当解除有关措施。”很显然，这一规定充分表明，反恐的“调查”程序为立案侦查程序的前置程序，有关两个程序的法律规定具有临界毗邻的关系。因此，在“恐怖活动嫌疑”与“犯罪事实或者犯罪嫌疑人”之间的界限如何科学划分，实践上如何准确把握，尚需要深入全面考虑，结合现实探讨，这也成为了当下理论界争议与批评之焦点。[1] 此外，《反恐法》还有“应对处置”的规定与“突发事件应对法”的有关规定，存在边界关联问题，涉及“恐怖事件”与突发事件中的“社会安全事件”界限把握问题。第九章“法律责任”中第80条、第81条、第82条对于“对宣扬恐怖主义、极端主义等行为，以及为实施恐怖活动、极端主义活动提供帮助行为的处罚”，“对利用极端主义破坏国家法律制度实施行为的处罚”，“窝藏、包庇恐怖活动犯罪和极端主义犯罪的违法行为的法律责任”规定与相对应犯罪的刑法规定界限问题，即理论与实践上如何把握“情节轻微”。[2]

总之，《反恐法》包含着多种法律规范内容，呈现的形态是多样的；其与散落在其他法律之中的反恐规定虽然有着历史渊源关系，但是在立法层面是以不同方式显示出来的，在总体上形成了一种综合、发展甚至转变的趋向。由此，《反恐法》与涉“恐”的相关法律规定存在多元的复杂关系，既需从历史演变上理解，也需从现实应对上科学把握，从而真正理解二者的实质关联性。

---

[1] 参见邢志人：《中国反恐怖主义专门立法问题研究》，载《北京师范大学学报（社会科学版）》2015年第6期。

[2] 参见西北政法大学反恐怖主义学院：《第二届“总体国家安全法治”长安论坛论文集》，2017年5月印刷，第294—295页。

二、个体论：制约、观念影响与补充

上述分析可以看出，《反恐法》立法内容丰富，涉猎多种法律部门规范的统合与创新，形成了防控行为多重性应对的法律机制，并且立足于国家安全的战略高度。因此，对不同部门法律属性规范与相关法律规定之间内在的具体关系的个体论剖析，涉及相互之间如何衔接，避免相互矛盾冲突问题。现在试图举出典型来进行分析。

（一）《反恐法》与刑法反恐规定的关系

我国有学者针对此问题指出：“一方面，《反恐怖法》作为反恐领域综合性的基本法，其颁行必将对未来我国反恐刑法的完善具有统帅和引领作用，而且，由于我国刑法所规定的犯罪都是严重的违法行为，故反恐刑法所规制的恐怖活动犯罪首先也应该是违反《反恐怖法》的行为，《反恐怖法》对反恐刑法的规制范围、立法目的等都有基础性的制约作用；另一方面，刑法（反恐刑法）作为保障法，位于整个国家法律体系的第二防线，为《反恐怖法》的贯彻实施提供了强有力的保障。”[1] 然而，在事实上，两者在衔接上却存在调整范围、立法目的、法律术语等方面协调性不足的问题。[2] 其中，有两个问题在学界一直存在较为激烈的争议，值得进一步讨论。

1. 相关犯罪的界限划分

《反恐法》与相关犯罪界限模糊，主要涉及《反恐法》第 80 条对参与有关恐怖活动、极端主义活动尚不构成犯罪的处罚，第 81 条

---

[1] 赵秉志、牛忠志：《〈反恐怖主义法〉与反恐刑法衔接不足之探讨》，载《法学杂志》2017 年第 2 期。

[2] 参见①赵秉志、牛忠志文；姚建龙、王江淮：《论我国刑法与反恐法的衔接——以〈刑法修正案（九）〉为视角》，载《犯罪研究》2016 年第 2 期。

对利用极端主义破坏国家法律制度实施尚不构成犯罪的处罚的规定与《刑法》第120条第3款、第4款、第5款之罪即宣扬恐怖主义、极端主义、煽动实施恐怖活动罪，利用极端主义破坏法律实施罪，强制穿戴宣扬恐怖主义、极端主义服饰、标志罪。有学者认为，比较这两者立法不难发现，与过去作为惯例的只有情节严重的违法行为才构成犯罪不同，现在的立法是情节轻微的属于一般违法，情节一般的（暗含在法条之中的一种情形）为入罪门槛，情节严重的则属于加重情节。这就是说，罪与非罪的界限已经改为："情节一般"即构成犯罪；"情节严重的"，则成为法定刑升格的条件。立法中涉恐犯罪门槛的降低有其合理性，既是对社会实践需要的回应，也有其刑事政策的考量和刑法理念的创新，还有与我国劳动教养的取消相适应等论据的支撑。由此，对于"情节轻微"与"情节一般"的界限把握，则是一个新问题。[1]

但是，学界另外一种观点认为，我国《刑法》第13条、第37条规定，情节显著轻微、危害不大的，不认为是犯罪；对于犯罪情节轻微不需要判处刑罚的，可以免于刑事处罚。很明显，《刑法》的规定严格区别了情节显著轻微和情节轻微两种情形，前者不构成犯罪，后者仍然构成犯罪，只是不需要判处刑罚。因此，《反恐法》第80条、第81条中"情节轻微，尚不构成犯罪"的规定，不应被理解为是与《刑法》第13条"情节显著轻微不认为是犯罪"以及第37条"情节轻微不需要判处刑罚，可以免予刑事处罚"的冲突与矛盾，在本质上是与《刑法》的规定相一致的。因为，虽然《刑法》表述为"情节轻微"，但因最终为"不构成犯罪"，故对"情节轻微"的解释仍应以"情节显著轻微危害不大的"为出发点。[2]

[1] 赵秉志、牛忠志：《〈反恐怖主义法〉与反恐刑法衔接不足之探讨》，载《法学杂志》2017年第2期。

[2] 参见西北政法大学反恐怖主义学院：《第二届"总体国家安全法治"长安论坛论文集》，2017年5月印刷，第295页。

笔者认为，第一种观点是将刑法、反恐怖主义法作为整体的法律体系对法律专门术语——“情节轻微”进行一体化的理解与分析，有其合理之处。但是，在不同法律之中，我国立法往往很难达到法律术语上的协调一致，这种现象也反映在《反恐法》中。[1] 而唯独将《反恐法》与《刑法》进行概念的一体化理解似乎有些勉强。此外，对于《刑法修正案（九）》中的利用“极端主义破坏法律实施罪”“强制穿戴宣扬恐怖主义、极端主义服饰、标志罪”的规定，从立法表述来看，其范围极为广阔，且未在“量”上做“情节严重”之类的限制，这种具有“过度犯罪化”嫌疑的规定，容易给刑罚权的发动带来较大的随意性，[2] 因而，这种理解似乎意欲发挥其限制入罪的作用。但是，在既有立法的情况下，我国《刑法修正案（九）》显示出的是对于恐怖主义犯罪予以特别严厉打击的立法精神，[3] 在不违反刑法的基本原则与精神下，《反恐法》中规定的第80条、第81条“情节轻微”情形，应该是《刑法》第13条犯罪概念中但书规定的“情节显著轻微危害不大的，不认为是犯罪”的情形，才合情、合理、合法。显然，在我国既有立法体制与立法水平下，不同法律部门之间实现法律术语的协调一致尚有难度，但同一部法律可以实现同一用语的体系性解释。[4] 可见，上述两种观点中后一种观点是正确的。在实践中，司法机关认定是否属于“情节轻微，尚不构成犯罪”时，应当结合其行为的社会危害性、行为人的人身危

---

[1] 参见王燕飞：《整合与化约：暴恐犯罪防控法律的一体化思考——以〈反恐怖主义法〉为基点》，载张凌、刘瑞榕：《立体化社会治安防控体系建设—中国犯罪学学会年会论文集》（2016年），中国检察出版社2016年版，第226页；姚建龙、王江淮：《论我国刑法与反恐法的衔接——以〈刑法修正案（九）〉为视角》，载《犯罪研究》2016年第2期。

[2] 梅传强：《我国反恐刑事立法的检讨与完善——兼评〈刑法修正案（九）〉相关涉恐条款》，载《现代法学》2016年第1期。

[3] 王秀梅、赵远：《当代中国反恐刑事政策研究》，载《北京师范大学学报（社会科学版）》2016年第3期；刘艳红：《二十年来恐怖犯罪刑事立法价值之评价与反思》，载《中外法学》2018年第1期。

[4] 参见张明楷：《刑法学》（第二版），法律出版社2003年版，第44—45页。

险性、行为人在上述活动中发挥的作用以及事后的表现等综合判断。[1]

2.《反恐法》刑事管辖权的解释

关于对《反恐法》第11条刑事管辖权规定的理解，学界存在争议。该法第11条规定："对在中华人民共和国领域外对中华人民共和国国家、公民或者机构实施的恐怖活动犯罪，或者实施的中华人民共和国缔结、参加的国际条约所规定的恐怖活动犯罪，中华人民共和国行使刑事管辖权，依法追究刑事责任。"对该条的理解，学界有两种对立的观点。一种观点认为，该条规定不再要求法定最低刑为三年以下有期徒刑和按照犯罪地的法律也应当受到处罚的条件限制，是对于第8条规定的保护管辖权规定的实质修改，扩大了我国反恐刑法的刑事管辖范围，对《刑法》第8条的规定有所突破。[2]另外一种观点则认为，该条规定只能是照应性规定，并没有创设新的法律规范，未达到扩大我国对恐怖活动犯罪的刑事管辖权的效果。主要理由是：从立法表述上看，该条规定的立法指向是"依法追究刑事责任"，而不是该法其他规定中常适用"本法"的用语（据统计总计有16处）；从应然层面看，我国刑法将保护管辖权限定在"重罪"之内，既体现了原则性，又有一定的灵活性、务实性，倘若理解为一律适用中国刑法，则不但难以真正地贯彻执行，也因不经济而很难实现真正的司法效益。[3]

笔者认为，上述两种观点均存在不足。第一种观点既然认为是针对恐怖活动犯罪，《反恐法》第11条的旨意是扩大刑事管辖权，那么，立法机关应该对《刑法》第7条属人管辖权的规定进行实质

---

[1] 参见郎胜、王爱立：《中华人民共和国反恐怖主义法释义》，中国法制出版社2016年版，第294页。

[2] 参见王爱立：《〈中华人民共和国反恐怖主义法〉解读》，中国法制出版社2016年版，第50—51页。

[3] 赵秉志、牛忠志：《〈反恐怖主义法〉与反恐刑法衔接不足之探讨》，载《法学杂志》2017年第2期。

性修改。按照该条的规定，中华人民共和国公民在中华人民共和国领域外犯有我国刑法规定之罪，最高刑为三年以下有期徒刑的，可以不予以追究。这显然只是修改程度有点差异。可见，第一种观点在理解上欠周全。后一种观点没有从反恐怖主义法的立法精神实质上把握该条的立法旨意。当下，恐怖主义已成为影响世界和平与发展的重要因素，是全人类的共同敌人。作为非传统安全挑战，恐怖主义具有跨国家、跨地区的性质，需要国际社会合作应对。在我国，恐怖主义跨境活动的特点是内外勾结、境外策划、境内实施，尤其是一些西方国家在反恐怖主义斗争中笼罩着西方人权的斗争，往往打着人权的幌子，在反恐问题上实质上实行双重标准，纵容、袒护恐怖主义。[1] 在这种国内与国际关系错综复杂的形势下，我国反恐怖主义法明确宣示国家反对一切形式恐怖主义的政治立场。[2] 在这种立法背景与精神指引下，对于《反恐法》第 11 条规定理解为扩大反恐的刑事管辖权，更为符合立法旨意，更为妥当。主要理由如下：一方面，自我国《刑法修正案（八）》开始对于刑法总论的内容进行了修正，全国人大常委会开启了刑法总则规范修正的先河。而《反恐法》也是第十二届全国人民代表大会常务委员会第十八次会议通过的，自然可以在其条文中对于刑法总论中相关条款作出相应的调整，具有相同的修正效力。另一方面，该条规定更多地体现出我国反对一切恐怖主义的强烈的政治宣示，强调和声明了我国对于恐怖活动犯罪有刑事管辖权的主张。当恐怖活动犯罪行为人进入我国领域被抓获或者进入其他国家而被我国引渡时，适用我国刑法规定追究其刑事责任。[3] 这种解释与我国上述司法实践相吻合。

---

[1] 参见赵秉志、杜邈：《中国反恐法治问题研究》，中国人民公安大学出版社 2010 年版，第 134—135 页。

[2] 参见李寿伟、王思丝：《论反恐怖主义法的立法精神》，载《北京师范大学学报》（社会科学版），2016 年第 3 期。

[3] 参见郎胜、王爱立主编：《中华人民共和国反恐怖主义法释义》，中国法制出版社 2016 年版，第 50—51 页。

（二）《反恐法》与《国家安全法》相关法律规定之间的关系

2015年7月1日《中华人民共和国国家安全法》颁布，该法对于国家安全进行了全面和总体的顶层设计，覆盖了国家安全事务应有的法律内容。该法分为“总则”“维护国家安全的任务”“维护国家安全的职责”“国家安全制度”“国家安全保障”“公民、组织的义务和权利”“附则”七章，共计84条。从总体上，该法内容大多数属于纲领性、宣言性规定，是对于国家安全事务做出的一系列原则性和指导性的法律安排。[1] 其中，该法第28条规定：“国家反对一切形式的恐怖主义和极端主义，加强防范和处置恐怖主义的能力建设，依法开展情报、调查、防范、处置以及资金监管等工作，依法取缔恐怖活动组织和严厉惩治暴力恐怖活动。”这一规定明确地将反恐怖主义和极端主义纳入“维护国家安全的任务”之中，并作出原则性的规定。

相应地，我国《反恐法》第4条也明确规定：“国家将反恐怖主义纳入国家安全战略，综合施策，标本兼治，加强反恐怖主义的能力建设，运用政治、经济、法律、文化、教育、外交、军事等手段，开展反恐怖主义工作。”这表明，从宏观层面，反恐怖主义是维护国家安全战略的一部分，《反恐法》自然也就是我国国家安全法律体系的重要组成部分[2]，《反恐法》与《国家安全法》呈现出具体与概括的关联关系。然而，由于《国家安全法》在国家安全的立法体系、立法层次和等级效力上与《反恐怖主义法》相当，必然涉及两部法律相关联的具体规定的内在关系问题。具体而言，需要明确《国家

[1] 参见康均心：《全球反恐背景下国家安全法治体系构建》，载张凌、刘瑞榕主编：《立体化社会治安防控体系建设——中国犯罪学学会年会论文集》（2016年），中国检察出版社2016年版，第249页。

[2] 参见郎胜、王爱立主编：《中华人民共和国反恐怖主义法释义》，中国法制出版社2016年版，第1页。

安全法》中第3条、第6条、第8条、第9条以及第28条的规定与《反恐法》相关规定的内在关系。

这种具体关系在以下三个方面予以揭示。

首先，《国家安全法》中第3条关于“总体国家安全观”、第6条关于国家制定与完善国家安全战略、第8条维护国家安全与经济社会发展协调与统筹各种安全、第9条维护国家安全的工作方针的规定，属于“总则”纲要性内容，是对《反恐法》中第4条“纳入国家安全战略”具体内涵的诠释，也是开展反恐怖主义工作在维护国家安全层面的基本要求与法律根据。更为重要的是，该法内含的“总体国家安全观”对于《反恐法》的有效实施可望发挥一定的功用。[1] 正如学者指出：反恐怖主义法内容全面丰富，其灵魂是总体国家安全观。总体国家安全观作为指导思想，像一条红线，贯穿于全法各个章节。贯彻反恐怖主义法，从根本上说是要贯彻总体国家安全观的要求，从本质上把握、运用反恐怖主义法。[2]

其次，《国家安全法》第28条规定了反恐行为中维护国家安全的任务，事关开展反恐怖主义与极端主义的系列工作，是对《反恐法》中反恐工作总体性的指引作用，不仅突出了反恐工作要点、依法开展的法治要义，而且指出了“严厉惩治暴力恐怖活动”以“维安”特别要求，一定程度上丰富了《反恐法》中反恐“维安”工作内容。最后，我国当下反恐实践之中，由于“我国反恐怖主义斗争形势严峻、复杂、尖锐，暴力恐怖势力、宗教极端势力、民族分裂势力‘三股势力’三位一体，以分裂为最终目标、以极端主义为思想基础，以恐怖主义为手段，境内外勾结，……，相继制造了一批像新疆乌鲁木齐2009年‘7·5’暴乱、北京2013年‘10·28’天

[1] 参见郭永良：《论中国反恐立法的基本轨迹》，载《太平洋学报》2015年第8期。

[2] 参见邱进：《学习贯彻反恐怖主义法，努力践行总体国家安全观》，载《人民日报》2016年5月18日，第15版。

安门恐怖袭击事件、2014年昆明‘3·1’火车站恐怖袭击事件，……”[1]，反恐行为基本上限定在防范最直接、最现实的恐怖主义威胁，[2] 即主要以分裂国家为政治目的、以极端主义为指导思想、以暴力恐怖为工具的“东突”势力的恐怖活动范围之内，[3] 因此，《反恐法》在践行维护国家安全任务中开展反恐立法。可见，我国《反恐法》是维护国家安全这一首要任务的轨道上运行，似乎只是迈出《反恐法》法治的第一步。如当下“独狼”恐怖主义犯罪时有发生，但是实务部门并不认为这是反恐工作的主要任务。[4] 从这个意义上，《反恐法》不能受制于《国家安全法》的相关规定，需要在此基础上进一步开展具体的、更有突破性的推动工作，促使其全面实施，发挥出更大的作用。

（三）《反恐法》中“应对处置”与《突发事件应对法》有关规定的具体关系

2007年8月30日实施的《中华人民共和国突发事件应对法》，分为“总则”“预防与应急准备”“监测与预警”“应急处置与救援”“事后恢复与重建”“法律责任”“附则”七个部分，共计70条。这是我国应急行政基本法。[5] 该法针对自然灾害、事故灾害、公共卫生事件和社会安全事件等几类突发事件，确定了国家建立健全突发事件应急预案体系的总体原则，[6] 其中包括了处置大规模恐怖袭击事件应急预案在内的预案制度。从总体上，该法建构出了较为完整的

---

[1] 参见郎胜、王爱立主编：《中华人民共和国反恐怖主义法释义》，中国法制出版社2016年版，第4页。

[2] 参见刘仁文：《刑事法治视野下的社会稳定与反恐》，社会科学文献出版社2013年版，第41页。

[3] 参见李若菊、杨晓钢：《中国反恐的国际视角分析》，载《政法学刊》2013年第1期。

[4] 参见曾赟：《论独狼恐怖主义犯罪的构成要素》，载《政法论坛》2016年第5期。

[5] 参见郭永良：《论中国反恐立法的基本轨迹》，载《太平洋学报》2015年第8期。

[6] 参见王爱立主编：《〈中华人民共和国反恐怖主义法〉解读》，中国法制出版社2016年版，第218页。

“突发事件的预防与应急准备、监测与预警、应急处置与救援、事后恢复与重建等应对活动”[1] 的法律制度体系，为恐怖事件这种特殊情形应对处置的制度建构提供了经验与参考[2]。由此，也决定了《突发事件应对法》与《反恐法》中“应对处置”总体规范体系是一种一般与特殊、旧法与新法的复杂关系，从法律效力上似乎两者在现实适用层面中没有内在的关联。但是，由于《反恐法》中“应对处置”的立法规定存在着缺失公众参与层面的立法[3]及制度结构不完整两方面的不足[4]，因而使得《突发事件应对法》能够发挥自己独有作用，以弥补《反恐法》“应对处置”立法上的缺陷。

在现实层面，两者的具体关系有两个方面。首先，提供具体适用的法律制度。《反恐法》第 64 条规定：“恐怖事件应对处置结束后，各级人民政府应当组织有关部门帮助受影响的单位和个人尽快恢复生活、生产……。”而《突发事件应对法》第 58 条、第 59 条、第 60 条对各级人民政府在突发事件事后恢复与重建中组织受突发事件影响的地区恢复生产、生活、工作和社会秩序等职责作了规定。这些规定也适用于恐怖事件的恢复重建。[5] 其次，提供参照的法律依据。我国《反恐法》仅在第 64 条与 65 条规定了受害者救助制度，恐怖主义涉及的问题基本上升到国家层面，公民在恐怖主义活动中更多处于无辜的受害者地位；另外，国家在动用公权力打击恐怖主义活动的时候，可能会伤及无辜的公民。因此，有关地区遭受损失、公民参加救援或者协助应对处置的受害、受伤等权利义务问题，可

---

[1] 《中华人民共和国突发事件应对法》第 2 条的规定。

[2] 参见王爱立主编：《〈中华人民共和国反恐怖主义法〉解读》，中国法制出版社 2016 年版，第 218 页。

[3] 参见郭永良著：《全民反恐的战略构建：以反恐参与权为中心》，中国法制出版社 2016 年版，第 300—301 页。

[4] 参见刘仁文主编：《刑事法治视野下的社会稳定与反恐》，社会科学文献出版社 2013 年版，第 108—109 页。

[5] 参见王爱立主编：《〈中华人民共和国反恐怖主义法〉解读》，中国法制出版社 2016 年版，第 254 页。

以参照适用《突发事件应对法》第61条、第62条的规定。对于特别重大突发事件，适用《反恐法》第57条规定的“需要进入紧急状态的”。在紧急状态期间需要采取非常措施，需要适用《中华人民共和国戒严法》，可以参照适用《突发事件应对法》第69条的规定。

三、关系论的分析价值：代结语

从未来发展趋向考察，《反恐法》无论是立法理念、立法重心以及立法模式等都有着自己拓展与发展的巨大空间，中国的反恐司法实践需要不断完善、创新。《反恐法》内在的结构与体系不可能永远凝固不变。这一结论从国外多样化的反恐怖主义法发展的路径、模式可以清晰证成。[1] 在反恐问题上，一国究竟采取何种战略和政策，根本上取决于该国对待恐怖主义的政治宽容及其面临恐怖主义的威胁程度；在思想层面，又与国家在宪法和法律体系中如何定位恐怖主义活动和恐怖分子有关。如果国家认为恐怖分子是应当加以消灭和排斥的敌人，则会倾向于采取战争等极端化措施应对。相反，如果坚持认为恐怖主义者仍然是整体国家秩序应当包容和争取复归的市民，则会在法治整体秩序框架内采取相对节制和温和的反恐手段。”[2] 总之，《反恐法》与相关法律是相互支持、相互作用的关系。更好地处理好《反恐法》与相关法律的内在关系结构，可以促进我国反恐战略有效实施。

---

[1] 参见齐文远、魏汉涛：《英美反恐立法的得失及其启示》，载《中国高校社会科学》2015年第6期。

[2] 何荣功：《“预防性”反恐刑事立法思考》，载《中国法学》2016年第3期，第147—148页。

人工智能“创作”内容保护模式的选择

李　岩[*]　朱东玲[**]

内容摘要：目前对人工智能“创作”内容的保护，理论上以是否构成作品为判断标准，分为三种模式：可作品的著作权保护模式、非作品的邻接权保护模式以及非作品的不保护模式。从主体角度、独创性角度、利益平衡角度可判断人工智能“创作”内容并不具有可作品性，不能采取著作权保护模式。通过劳动财产理论的分析可知人工智能“创作”内容具有保护的必要性，非作品的不保护模式不符合现实需求。非作品的邻接权保护模式存在制度功能和权利设计上的局限性。人工智能“创作”内容性质上属于著作权法益，应采用著作权法益保护模式。应在《著作权法》中明确著作权法益的法律地位，建构《著作权法》+《侵权责任法》的保护模式并对其保护进行必要的限制以实现利益平衡。

关键词：人工智能“创作”内容可作品性保护模式著作权法益

* 李岩，辽宁大学法学院教授，博士生导师，研究方向：民法学、知识产权法学。

** 朱东玲，辽宁大学法学院硕士研究生，研究方向：民法学。

一、我国人工智能“创作”内容的研究现状

我国现阶段关于人工智能“创作”内容的研究主要集中在两个问题：其一，对人工智能“创作”内容性质认定问题，也即可作品性的问题；其二，权利归属问题，权利归属问题的实质是讨论人工智能“创作”内容的保护模式与制度选择。以下将简要对我国人工智能“创作”内容的研究现状进行说明。

（一）人工智能“创作”内容可作品性之争

学界对人工智能“创作”内容是否具有可作品性有两种对立的观点：持肯定观点的学者认为人工智能“创作”内容只要达到了最低限度创造性的要求，就能够被认定为作品。[1] 现阶段人工智能“创作”内容是由人工智能机器完全独立“创作”完成的，这一“创作”内容符合作品的独创性标准，具有可作品性。[2] 持否定观点的学者认为人工智能“创作”内容都是应用算法、规则和模板的结果，不能体现创作者独特的个性，不能被认定为作品。[3]

（二）人工智能“创作”内容保护模式与制度选择

学界对人工智能“创作”内容的保护模式，根据能否将人工智能“创作”内容判定为作品分为两类。第一类，将人工智能“创作”内容认定为作品，在著作权体系内对其进行权利归属的讨论。

---

[1] 熊琦教授认为，在没有明确标明来源的情况下人工智能“创作”内容与自然人的作品已无法区别，则不应再以自然人来认定最低限度的创造性。熊琦：《人工智能生成内容的著作权认定》，载《知识产权》2017年第3期。

[2] 吴汉东教授认为，人工智能生成之内容，只要由机器人独立完成，即构成受著作权保护的作品，至于其用途、价值和社会评价则在所不问。见吴汉东：《人工智能时代的制度安排与法律规制》，载《法律科学》2017年第5期。

[3] 王迁：《论人工智能生成的内容在著作权法中的定性》，载《法律科学》2017年第5期。

这种保护模式下的制度选择主要有三种：类比适用法人制度安排、类比职务作品的制度安排、类比适用电影作品的制度安排。[1] 第二类，不认为人工智能“创作”内容是作品。学者中存在两种观点：第一种观点是不予保护，著作权法也不应为此做出改变；[2] 第二种观点是通过邻接权进行保护，增设人工智能“创作”内容邻接权新类型。[3] 综上可知，目前理论上对人工智能“创作”内容的保护模式，以是否构成作品为判断标准分为三种：可作品的著作权保护模式、非作品的邻接权保护模式以及非作品的不保护模式。

二、现阶段我国对人工智能“创作”内容可作品性研究存在的问题

（一）独创性标准的适用与理解混乱

只有具备独创性的作品才能受到著作权法保护是世界各国立法普遍接受的基本原则，因此，独创性的判定标准是决定一件作品能否得到著作权保护的关键。[4] 学界也是从独创性的角度对人工智能“创作”内容可作品性进行认定的，但不同学者采用的独创性判断标准并不同。有学者认为对人工智能“创作”内容可作品性的判断，应采用“额头流汗”原则建立独创性判断的客观标准。[5] 我国的大多数学者是根据《著作权法》的规定，采用独立性和创造性的标准来进行判断的。即使采取同一独创性标准的学者们在具体判断时对其理解与适用也有所不同，从而导致对人工智能“创作”内容的定

[1] 刘影：《人工智能生成物的著作权法保护初探》，载《知识产权》2017 年第 9 期。

[2] 王迁：《论人工智能生成的内容在著作权法中的定性》，载《法律科学》2017 年第 5 期。

[3] 罗祥、张国安：《著作权视角下人工智能创作物保护》，载《河南财经政法大学学报》2017 年第 6 期。

[4] 姜颖：《作品独创性判定标准的比较研究》，载《知识产权》2004 年第 3 期。

[5] 易继明：《人工智能创作物是作品吗?》，载《法律科学》2017 年第 5 期。

性各异。

（二）缺少从主体角度对人工智能“创作”内容可作品性的分析

根据我国《著作权法》的规定，作品的创作者必须为自然人，而人工智能“创作”内容的主体是机器，将人工智能“创作”内容认定为作品与私法“主客二分”的体系存在理论冲突。在对人工智能“创作”内容可作品性的讨论中，只有少数学者讨论机器作为“创作”主体的正当性问题。有学者认为对作品的认定原本需要考虑主体因素，但在讨论人工智能“创作”内容的定性时，如果一开始就纳入主体因素，势必会造成逻辑循环。[1] 有学者认为只要在权利归属的设计上避免人工智能成为主体就能够解决“主客二分”的困境。[2] 笔者认为，上述观点都回避了从主体角度对人工智能“创作”内容可作品性的分析。

三、人工智能“创作”内容不能认定为作品

（一）人工智能“创作”内容主体不适格

作品是自然人对于思想观念的表达，由非人类“创作”的东西不属于著作权法意义上的“作品”。[3] 人工智能机器成为作者违背私法“主客二分”的基础，作为权利客体的机器无法成为权利主体。人工智能机器既不能成为著作权人，也不能成为作者。

依著作权的一般理论，作品作为独创性的表达，必须源自有思想感情的人，反映人的思想或者情感。著作权保护的起点是作品的

---

[1] 王迁：《论人工智能生成的内容在著作权法中的定性》，载《法律科学》2017年第5期。

[2] 熊琦：《人工智能生成内容的著作权认定》，载《知识产权》2017年第3期。

[3] 李明德：《著作权主体略论》，载《法商研究》2012年第4期。

创作，而创作作品的人只能是自然人。“非人”的一切法人、组织、团体、国家等都不可能成为创作作品的人，都不可能成为作者。它们没有生命、没有血肉、没有心灵与情感，因此也不存在某种思想或情感的表达。[1] 但我国著作权法为解决著作权的归属问题，将法人或者其他组织“视为作者”[2]，“视为”一词也表示其本身不属于作者，而是法律赋予其视同作者的权利。“非人”的法人或者其他组织被赋予视同作者权利的前提是已经存在自然人创作的作品，存在狭义上的作者。在此基础之上，《著作权法》将作者的著作权赋予作者以外的法人或其他组织。综上所述，人工智能“创作”内容不属于作品，作为“非人”的人工智能机器不能成为作者。由于不存在狭义上的作者，作者以外的法人或其他组织也就没有了被赋予权利的前提，因此他们也不能被“视为”人工智能“创作”内容的作者。

著作权法的立法目的之一是激励“理性人”创作和传播，赋予权利人对作品的法定专有权来激励作品创作和传播是主要途径之一。法律对作品及其归属的认定，也应围绕作为主体的著作权人展开。由于机器或者是机器人并不具有人格，不属于“理性人”的范畴，也就不存在激励的问题。编程者或所有者并未参与创作，与内容的独创生成无直接联系，也没有理由获得激励。换句话说，由于不存在激励的对象，使得著作权法激励创作的立法目的无法实现。因此，将人工智能“创作”内容认定为作品不符合著作权法的立法目的。

（二）人工智能“创作”内容不具有独创性

人工智能“创作”内容的独创性判断取决于不同独创性标准的采取。我国应该采用大陆法系的独创性标准对人工智能“创作”内容的独创性进行判断。

---

[1] 李明德：《著作权主体略论》，载《法商研究》2012年第4期。

[2] 《中华人民共和国著作权法》第11条规定：“创作作品的公民是作者。由法人或者其他组织主持，代表法人或者其他组织意志创作，并由法人或者其他组织承担责任的作品，法人或者其他组织视为作者。”

1. 英美法系的独创性标准下人工智能“创作”内容具有独创性

英美法系的独创性属于标准较低的类别，因为劳动是确定一项作品是否具有独创性的关键，而非创造性。作品独创性的获得仅需满足作品源自作者的“劳动、技能或者判断”这一要件。[1] 英美法系奉行“额头流汗”原则（Sweat of Brow），强调付出劳动本身就可以构成作品获得著作权保护的正当理由。英国1988年的《版权、设计和专利法》中对计算机创作物（Computer - Generated Works）专门设置了规定，[2] 承认了人工智能“创作”内容的可作品性。美国的独创性标准，以Feist案[3]为分水岭，Feist案之后，在英国的独创性标准基础上还要求具备少量的创造性（Modicum of Creativity）。总体上，英美法系对独创性的判断采用的都是客观性标准。按照英美的独创性标准，人工智能“创作”内容具有独创性。

2. 大陆法系的独创性标准下人工智能“创作”内容不具有独创性

以法国为代表的大陆法系国家将著作权作为联系作者和其智力创作的纽带，作品是作者人格的体现和物化。独创性是指作者个性的反映，即独创性源自作者在创作过程中有创造性的选择。[1] 独创性中的“个性”或称为“差异性”是对创造性的要求，是主体在智力创造活动中所表现出的有差异性的个体人格。大陆法系的独创性标准需要满足三个条件：创作内容体现作者的人格、创作过程属于智

---

[1] 万琦：《论英国版权法上的独创性》，载《知识产权》2017年第11期。

[2] 英国《版权、设计和专利法》第9条第3款：“为计算机所生成之作品进行必要程序者，视为该计算机生成之作品的作者。”Copyright Acts and Related laws - GOV. UK，2018年4月22日访问。

[3] *Paul Goldstein, Copyright, Patent, Trademark and Related State Doctrines, New York Foundation Press*, 1999, *p.* 601，转引自姜颖：《作品独创性判定标准的比较研究》，载《知识产权》2004年第3期。

[1] 周倩：《作品独创性及其认定研究》，中国政法大学硕士论文，2011年10月，第12—13页。

力创造活动、创作内容具有个性。

第一，人工智能“创作”内容不体现人格。一方面，人工智能“创作”内容在强调独立完成的同时，就否定了人的思想与人格在人工智能“创作”内容中的体现。具体来讲，现阶段人工智能的“创作”过程不同于以往的程式化输入，深度学习使得输出内容的过程得以自动，输出的内容人类不可预知。这种通过深度学习完成的人工智能“创作”过程，阻断了人类思想与人格在其内容中的表达。另一方面，人工智能本身不具有人格，其“创作”的内容自然也就不是人格的外化。因此，人工智能“创作”内容不体现人格。

第二，人工智能“创作”过程不属于智力创造活动。智力创造活动必定是活动主体发挥其创造力从事的智力活动。创造力因人而异，主体的创造力凝聚在智力活动结果中就表现为主体的人格。[1] 在Pachot案的判决中，法官曾将独创性定义为“智力投入”，并且提出了如果这种投入是自动的或强制逻辑性的，那么将不会受到保护。[2] 也就是说，独创性要求的智力创造活动过程不应是自动或者强制逻辑性的。人工智能“创作”内容的过程是应用算法、规则和模板的过程。[3] 现阶段人工智能能够应用深度学习自动进行“特征学习”，这是区别于传统机器学习的一大特征。[4] 但深度学习的过程也是规律学习的过程，所谓的“创作”就是规律的自动总结与应用。以人工智能“创作”诗歌为例，人工智能机器能够主动学习诗歌的韵律、用词、格式等规律性的特征，从而“创作”用词优美、合辙押韵的诗歌。但是对于作者的生平、创作背景等没有规律可循的东西，也即无“特征”的内容，人工智能的“特征学习”则无用武之地。而正因为

---

[1] 金渝林：《论作品的独创性》，载《法学研究》1995 年第 4 期。

[2] *Cass. civ. I*, *March*, 1999, *R. I. D. A.* 1999, *no.* 181, *p*309，转引自姜颖：《作品独创性判定标准的比较研究》，载《知识产权》2004 年第 3 期。

[3] 曹源：《人工智能创作物获得版权保护的合理性》，载《科技与法律》2016 年第 3 期。

[4] 周志华：《机器学习》，清华大学出版社 2016 年版，第 113—115 页。

这样，人工智能机器就难以做到对诗歌表达情感的把握。人工智能自动“创作”的过程，只是基于模型训练所掌握的规律从数据库中进行选择的过程，这一过程的实质是自动且强制逻辑性的规律应用而非创造性的表达。由此可知，人工智能“创作”过程不属于智力创造活动。

第三，人工智能“创作”内容不具有个性。应用同一算法、规则和模板的多个机器人，相同环境下“创作”内容并无二致，更无个性可言。以美术作品为例：以同一个人为模特进行绘画，每个人绘出的人物画会互不相同，各具特色，这反映了创作过程中的独特个性。而机器人之所以能“作画”，只是根据研发者预先确立的算法和编制的计算机程序，先用机器人自带的照相机对人脸进行拍摄，然后提取其中的特征点，再将其矢量化为一些线段，最后将这些线段传给机器人的控制器，由末端执行器在纸上绘制肖像。[1] 这种“创作”原理使得相同条件下，应用相同算法和规则的人工智能机器“创作”的内容没有差异，不具备个性的特征。因此，按照大陆法系的独创性标准，人工智能“创作”内容不具有独创性。

3. 我国应采用大陆法系的独创性标准对人工智能“创作”内容独创性进行判断

两大法系独创性标准的不同点体现在两个方面。一是对“独创性”的“创”的理解不同，即独创性是否包含“智力创造”，是否体现了创作者富有个性的判断和选择。英美法系的“额头流汗”标准不要求体现作者的“智力创造”，而大陆法系的独创性标准则包含“智力创造”。[2] 二是“创”的高度不同。英美法系对创作高度没有要求或要求不高，而大陆法系要求有一定的创作高度且标准较高。

---

[1] 倪非、付庄、曹其新、赵言正：《肖像漫画绘制机器人技术研究》，载《自然杂志》2007 年第 4 期。

[2] 参见王迁：《知识产权法教程》（第五版），中国人民大学出版社 2016 年版，第 25—38 页。

笔者认为，人工智能“创作”内容的独创性判断应该采用大陆法系的独创性标准，从而认定人工智能“创作”内容不具有独创性，不属于作品。

一方面，从对理论本身的理解来讲，“独创性”应该包含“智力创造”，要求体现创作者富有个性的判断和选择。《伯尔尼公约》虽然没有直接使用“独创性”一词，但却将作者的“智力创造”（Intellectual Creations）成果作为保护对象。这就暗示了受保护的作品应当是作者智力活动创造的成果。因此，大陆法系的独创性标准更符合《伯尔尼公约》的要求。同时，英美法系的独创性标准对创造性高度的要求也在逐渐提高，开始借鉴大陆法系的独创性标准。美国早期的案例中有法官认为：“作者作为人的身份是创作物构成作品的基础。”[1] 在 Feist 案中，“额头流汗”标准被推翻，法官提出了新的独创性的判定标准，即仅仅投入劳动并不能使作品具备独创性，而要求这种投入必须具备少量的创造性。[2] 自此少量创造性的标准被美国引入了独创性标准中，美国的独创性标准更接近于大陆法系的独创性标准。

另一方面，从立法层面来讲，与一些大陆法系的国家相比，英国缺少一部专门的反不正当竞争法。由于版权法的理念非常接近于反不正当竞争法，英国的版权法部分地承担了反不正当竞争法的功能。[3] 为了更为全面地发挥法律的功能，英国采取的独创性标准较低。而我国的相关法律体系是与大陆法系的独创性标准配套的，对于创造性较低，不符合作品要求的内容还可以通过邻接权和反不正当竞争的相关制度来进行保护。因此，采用大陆法系的独创性标准

---

[1] 如 1879 年的 Trade – mark Cases 中，联邦最高法院曾表示宪法中的版权条款所保护的是精神劳动的产物，只有创作物中包含有精神性的创作力并且是独创的，才能构成《版权法》的作品。曹源：《人工智能创作物获得版权保护的合理性》，载《科技与法律》2016 年第 3 期。

[2] 姜颖：《作品独创性判定标准的比较研究》，载《知识产权》2004 年第 3 期。

[3] 参见李明德：《关于反不正当竞争法的几点思考》，载《知识产权》2015 年第 10 期。

符合法律体系整体的协调性。

（三）激励理论下的利益平衡——人工智能“创作”内容不应被认定为作品

激励理论认为智力性创造成果是知识社会进步的重要保障，因此必须赋予创造者一定的排他性权利。这样做的目的是刺激创造者不断地投入新的智力性、创造性的劳动，以产生更多的知识产品，为社会整体带来更大的利益。因此，建立知识产权制度就是通过经济利益激励人们的创造热情，从而在整体上为社会带来某种福利。[1]根据激励理论，笔者认为人工智能“创作”内容不应被认定为作品，不能通过著作权法来保护。

首先，从鼓励文学、艺术和科学作品创作的角度来讲，社会应尽力保护著作权，使从事创作的人获得不断创新、积极进取的动力，保护创作源泉的生机与活力。在讨论如何激励创作时，势必围绕作为主体的著作权人展开，人工智能的“非人”属性决定了其难以成为激励的对象，而编程者或所有者没有直接参与“创作”，因此也不应是激励的对象。编程者或所有者对人工智能的投入应该从人工智能本身实现回报，即对编程者或所有者的激励应该体现在人工智能自身的专利保护中，而不应该延续到人工智能“创作”内容中。如果将编程者或所有者作为创作人通过著作权法来保护，就可能出现过度保护，损害公共利益。由于缺乏适格的激励对象，因此工智能“创作”内容不能作为作品来保护。

其次，人工智能“创作”内容的产生实际上是从创作物的供给端冲击了著作权制度原有的架构，即原本向市场输入的有限的创作物数量将由于人工智能技术的发展而变得泛滥，《著作权法》原本为繁荣文化市场而精密设计的利益分配体系将会失去平衡。

---

[1] 李扬：《知识产权的合理性、危机及其未来模式》，法律出版社2003年版，第16—116页。

日本《知识财产推进计划 2016》中称：“鉴于版权制度施行无形式主义，人工智能创作物中的音乐、小说等作品一经创作完成即可得到知识产权的保护，这可能导致版权作品数量的急剧增长。”[1]将人工智能“创作”内容认定为作品可能导致的问题主要有三个。第一，人工智能“创作”内容良莠不齐，并且人工智能机器能够不间断地持续输出，这将导致大量低质量的作品充斥市场，不利于知识的传播与发展。第二，人工智能“创作”内容可能穷尽表达，致使人类作品难以获得应有的保护。正如唯一的表达不能被认定为作品，“穷尽的表达”也不应被认定为作品。第三，由于算法、规则、模型可以重复利用，不同的人工智能“创作”内容可能大同小异，知识市场上将出现大量的雷同作品，导致知识市场混乱。大量雷同作品的存在还可能引起许多无意义的纠纷，浪费司法资源。

四、人工智能“创作”内容的保护模式

（一）劳动财产学说下的利益平衡——人工智能“创作”内容具有保护的必要性

按照约翰·洛克的“劳动财产”学说，“人类依据先验的正义观念，通过自己的劳动，就能够获得世界共有资源的财产权”[2]。洛克认为上帝赋予地球的资源和财产属于勤勉而理性的人，每个人都可以通过自己诚实而又勤劳的劳动获得财产及其相关利益，当个人将劳动加入某共有资源中，他就可以占有该共有资源的财产权。拥有这种私有财产的限制条件是“留有足够的同样好的东西给其他人

[1] 曹源：《人工智能创作物获得版权保护的合理性》，载《科技与法律》2016 年第 3 期。

[2] ［英］洛克：《政府论（下编）》，叶启芳、瞿菊农译，商务印书馆 1964 年版，第 17—50 页。

所共有，同时以不造成浪费为限”❶。基于“劳动财产”理论，付出劳动而具体占有知识财产是正当的。著名经济学家萨伊认为：“被生产出来的价值，都是归因于劳动、资本和自然力的作用和协力。”❷只有承认价值的创造是人的劳动、资本和科学技术等综合作用的结果，才能真正理解和实现各种利益的平衡。因此，我们可以将洛克的“劳动财产”理论中的“劳动”扩充解释为人的劳动、资本和科学技术的投入，在这种理解下，我们可以认为付出劳动、资本或者科学技术而占有知识财产是正当的。现阶段的人工智能虽然已经能够做到自动“创作”内容，但是人类在其中的劳动是不能否定的，设计者、所有者为人工智能“创作”内容投入了科学技术与资本，编程者、操作者也付出了一定程度的劳动。从“劳动财产”理论来看，他们具有获得知识财产和个人利益的正当性。因此，人工智能“创作”内容具有被保护的必要。

人工智能“创作”内容在形式上与人类创作作品难以区分，如果不给予其任何保护与限制，这些“创作”内容将会流入公共领域。人工智能“创作”内容流入公共领域后，由于人工智能强大的持续输出能力，将导致公共领域内人工智能“创作”内容的数量急剧增长，这将降低公众对著作权保护下的人类作品的利用，从而间接影响人类创作者的权利。这样一来，整体的著作权人的利益都会受损，造成利益分配的失衡。同时，难以避免的是，有人谎称人工智能“创作”内容是为自己创作的作品，由于缺乏对人工智能“创作”内容的保护与限制，将导致这种情况难以规范处理。因此，不能将人工智能“创作”内容不加任何限制地置于公共领域，而应给予其

❶ ［英］洛克：《政府论（下编）》，叶启芳、瞿菊农译，商务印书馆1964年版，第17—50页。

❷ ［法］萨伊：《政治经济学概论》，陈福生、陈振骅译，商务印书馆1997年版，第77页。

必要的保护与限制。

（二）人工智能“创作”内容不应采用邻接权的保护模式

邻接权有狭义和广义之分，狭义的邻接权是指表演者权、录音制作者权和广播组织权这三种权利，即世界知识产权组织所界定的邻接权范围；广义的邻接权是指“一切传播作品的媒介所享有的专有权，或对那些与作者创作的作品尚有一定区别的产品、制品或其他既含有‘思想的表达形式’，又不能称为‘作品’的内容所享有的权利”[1]。邻接权被认定为是保护作品传播的权利。[2] 国内对邻接权的传统观点也认为邻接权是作品传播者权。[3] 虽然邻接权就是作品传播者权的观念正在被打破，[4] 但是各国立法仍然体现出邻接权对作品传播的影响。我国《著作权法》规定，邻接权特指表演者对其表演活动、录音录像制作者对其制作的录音录像、广播组织对其播出的广播信号以及出版者对其版式设计所享有的专有权利。根据法律规定，人工智能“创作”内容不属于邻接权的保护范畴。按照传统邻接权的定义，邻接权与作品密切相关，是作品传播过程中，传播作品的媒介所享有的权利。而人工智能是在深度学习的基础上生成了新的内容，虽然该内容不能认定为作品，但其并非是对已有作品的传播，不能成为邻接权保护的客体。

---

[1] 郑成思:《版权法》，中国人民大学出版社 2009 年版，第 59—61 页。

[2] 德国的 M. 雷炳德教授认为，邻接权人的贡献、投入仅仅服务于某种已经存在的智力成果——作品，发现该成果或者对这些成果进行再现或者使之变为现实。正是由于这些投入在某些方面与作者的劳动投入很相似，所以德国著作权法典才把它们与作者权联系在一起。[德] M. 雷炳德著:《著作权法》，张恩民译，法律出版社 2005 年版，第 56 页

[3] 王迁:《知识产权法教程》（第五版），中国人民大学出版社 2016 年版，第197 页。

[4] “保护投资者”的理论认为，为了保护传播作品的投资者，包括表演者在表演中投入的劳动与时间，录音制作者、广播组织在录制、播放作品过程中投入的时间、技巧、努力与资金，都是邻接权保护的目标。转引自王超政:《科技推动下的邻接权制度体系构建》，载《中国版权》2013 年第 2 期。

增设人工智能“创作”内容邻接权新类型的权利内容难以限制。缩减财产权内容是各种类型的邻接权保护的普遍做法。[1] 财产权内容主要是根据权利客体的主要市场来缩减。而人工智能“创作”内容的形式与一般作品的形式相同，二者的主要市场也是重合的。因此，如果增设人工智能“创作”内容邻接权新类型，该类型邻接权的财产权内容将难以被合理地缩减。如果将增设的人工智能“创作”内容邻接权的权利内容设置为与作品的著作权内容相同，则失去了邻接权保护的意义，只是在变相地给予人工智能“创作”内容作品的保护地位。这种邻接权保护模式达不到对人工智能“创作”内容的限制，容易导致对人工智能“创作”内容的过度保护。而随着技术与民法中主体理论的发展，人工智能在将来可能被赋予独立的人格，人工智能“创作”内容将能够被认定为作品，届时又需要修改法律，不利于维护法律的稳定。因此，通过增设人工智能“创作”内容邻接权新类型对人工智能“创作”内容进行保护存在局限性，采用邻接权的保护模式难以真正达到对人工智能“创作”内容的保护与限制。

（三）法益保护模式的构建

人工智能“创作”内容性质上属于法益，应将人工智能“创作”内容界定为著作法益。[2] 一般认为，法益是权利之外应受法律保护的利益。[3] 法益保护在《侵权责任法》和《民法总则》中都有

---

[1] 罗祥、张国安：《著作权视角下人工智能创作物保护》，载《河南财经政法大学学报》2017年第6期。

[2] 著作法益也可称为“智力成果法益”，是指在智力成果权之外存在的应当受到法律保护的智力劳动成果利益。智力成果法益具有独立性。此处的法益采取狭义的用语，即智力成果权之外的应当受到法律保护的利益。智力成果法益和智力成果权共同构成了智慧财产利益的保护体系。智力成果权是保护智力成果利益的最为重要的手段，智力成果法益则是智力成果权的重要补充，两者协同保护智力成果利益。见李岩：《违禁作品法益性质的界定及保护模式构建》，载《东北大学学报（社会科学版）》2016年第4期。

[3] 张力：《权利、法益区分保护及其在民法总则中的体现——评〈民法总则（草案）〉第五章》，载《河南社会科学》2016年第11期。

体现。对权利和法益进行区分保护是大势所趋。应受到法律保护的著作利益包括著作权利与著作法益，我国《著作权法》中“与著作权有关的权益”指的就是著作权利之外应当受到法律保护的著作利益，即著作法益。著作法益在地位上低于著作权利，一定条件下可以上升为著作权利。《著作权法》应对著作权利（包括著作权与邻接权）与著作法益进行区分保护。

1. 人工智能“创作”内容采用著作法益模式保护的合理性

一方面，著作法益具有法律的弱保护性，著作法益虽然地位低于著作权利，但是也具有法律上的可保护性。基于正义公平的原则，一旦著作法益受到侵害，著作法益的享有人可以通过侵权责任法的手段寻求法律保护，但是在著作法益未受到侵害之时，著作法益并不具有主动的权能。[1] 这种弱保护性一方面肯定了人工智能“创作”内容保护的必要性，保护了投资者和必要劳动者的利益；另一方面，人工智能“创作”内容的利益人仅具有消极权利，投资者和必要劳动者的利益受到了合理的限制，从而保护了公共利益。这种保护模式确保了个人利益与公共利益的平衡。

另一方面，著作法益的保护模式能够提供过渡性的保护，在将来条件满足时，著作法益可以上升为著作权利。人工智能技术是一个不断发展的高新技术，发展成果日新月异，随着人工智能技术的不断发展，人工智能“创作”内容也会更为丰富与深刻，人工智能的法律地位也可能会随着社会与技术的发展发生变化，人工智能有可能赋予独立的法律人格，届时在人工智能“创作”内容满足作为作品保护的条件时，就可以通过著作权对其进行保护。立法是个缓慢的过程，法律又具有滞后性，著作权保护模式与邻接权保护模式难以满足社会发展的需要，反复修改法律也会造成立法成本的增

[1] 参见李岩：《违禁作品法益性质的界定及保护模式构建》，载《东北大学学报（社会科学版）》2016 年第 4 期。

加，浪费资源。著作法益保护模式的过渡性顺应了人工智能技术的发展，节约了立法成本，能够实现对人工智能“创作”内容的合理保护。

2. 构建《著作权法》+《侵权责任法》的保护模式

《著作权法实施条例》对《著作权法》中“与著作权有关的权益”作出了限定性解释，即“与著作权有关的权益”为“邻接权”。这种限定性的解释过于狭隘，为明确著作法益的法律地位，《著作权法》应将“与著作权有关的权益”界定为著作权之外应当受到法律保护的著作利益。在《著作权法》中明确规定著作利益能够起到宣示和指引两种作用。[1] 所谓宣示作用，是指通过著作权法明确著作权法所保护的对象除了著作权利之外还包含著作利益，这样就为著作法益的保护提供了法律上的合法依据。所谓指引作用，是指通过宣示保护对象包含著作法益，而将其保护指引至《侵权责任法》。我国《侵权责任法》第1条将立法目的规定为“保护合法权益”，同时第2条又对具体权益保护类型进行了列举性规定。从第2条规定来看，立法者认同知识产权领域同样存在应予以保护的利益，知识产权领域中的法益在性质上属于财产权益，在著作法益受到侵害时，可以同一般财产法益一样得到法律上的救济。[2] 在《著作权法》中明确规定著作法益，可以构建《著作权法》+《侵权责任法》的保护模式。这种保护模式能够实现对人工智能“创作”内容的合理保护。

3. 人工智能“创作”内容的保护期及限制

（1）人工智能“创作”内容的保护期

根据我国《著作权法》的规定，著作人身权中的署名权、修改

---

[1] 李岩：《违禁作品法益性质的界定及保护模式构建》，载《东北大学学报（社会科学版）》2016年第4期。

[2] [41] 李岩：《违禁作品法益性质的界定及保护模式构建》，载《东北大学学报（社会科学版）》2016年第4期。

权、保护作品完整权具有人身性，永远受到保护。[1] 但著作财产权并不是永久受到保护的权利，为了在促进创作和公众利用作品之间实现平衡，《著作权法》规定了著作财产权的保护期。[2] 根据《著作权法》的规定，对于著作财产权归属于自然人的作品，给予较长的保护期（在作者有生之年加 50 年）。对于著作财产权归属于组织的作品，则保护期限较短（首次发表后 50 年）。邻接权中的表演者权、录音录像制作者权、广播组织权中的财产权利的保护期为 50 年，版式设计权的财产权利保护期为 10 年。著作法益相对于著作权利体现了弱保护性，因此著作法益的保护期也应较著作权利更短。笔者认为，对人工智能“创作”内容的保护期应做如下规定：人工智能“创作”内容的享有人有权许可或者禁止他人使用该内容。该著作法益的保护期为十年，截止于人工智能“创作”内容创作完成后第十年的 12 月 31 日。

（2）人工智能“创作”内容的限制

出于社会政策的考虑，在赋予著作权利人有限垄断权的同时，也要满足社会对知识和信息的需要，在一定条件下应该允许他人不经许可使用，甚至可以无偿使用作品。著作法益也应适用《著作权法》对著作权的限制性规定，即适用合理使用和法定许可的相关规

---

[1] 《中华人民共和国著作权法》第 20 条规定：作者的署名权、修改权、保护作品完整权的保护期不受限制。

[2] 《中华人民共和国著作权法》第 21 条规定：公民的作品，其发表权、本法第十条第一款第（五）项至第（十七）项规定的权利的保护期为作者终生及其死亡后五十年，截止于作者死亡后第五十年的 12 月 31 日；如果是合作作品，截止于最后死亡的作者死亡后第五十年的 12 月 31 日。

法人或者其他组织的作品、著作权（署名权除外）由法人或者其他组织享有的职务作品，其发表权、本法第十条第一款第（五）项至第（十七）项规定的权利的保护期为五十年，截止于作品首次发表后第五十年的 12 月 31 日，但作品自创作完成后五十年内未发表的，本法不再保护。

电影作品和以类似摄制电影的方法创作的作品、摄影作品，其发表权、本法第十条第一款第（五）项至第（十七）项规定的权利的保护期为五十年，截止于作品首次发表后第五十年的 12 月 31 日，但作品自创作完成后五十年内未发表的，本法不再保护。

定。[1] 除此之外，为了促进人工智能技术的发展，可采取人工智能技术研发行业内可不经许可付费使用的做法，具体要求为：人工智能技术研发行业内部的公司或个人，为了技术研究开发的目的，可以不经享有人的许可利用该人工智能“创作”内容，但是应指明内容名称与来源并按照规定支付相应的报酬。

[1] 《中华人民共和国著作权法》第22条和第23条。

【实务研究】

进退之间：法官责任制度研究——以X省为重点的考察*

夏　红**

内容提要：我国的法官责任制度经历错案责任追究、违法审判责任追究、终身追究责任、责任倒查问责制和无故不承担错案件责任五个发展阶段。X省法官责任制度并没有显著的时代划分印记，其基本上是围绕案件质量评查为核心展开，注重追责制度的落实。在制度运行时存在以上级意见为识错基点、责任认定与责任承担主体混同、责任追究规则常变常新和运动式从众追责的问题，需要从转变追责逻辑、中立化追责主体、稳定追责规则以及强化追责法治化等方面进行优化。

关键词：法官责任制　追责逻辑　追责主体　追责规则　追责法定

---

* 本文是最高人民检察院检察理论研究课题“纠正意见实质化问题研究”（课题编号：GJ2014C54）及辽宁省法学会一般立项课题“司法体制改革背景下错案责任问责制度探究”（课题编号：LNFXH2016B004）的阶段性成果。

** 夏红，辽宁师范大学法学院教授，硕士研究生导师。研究方向：诉讼法学、司法制度、法学教育。

引 言

法官责任制度是在我国的司法实践中自发性成长起来的，具有自觉性和自律性的基因特质，同时也有一定的局限性。法官责任制度契合了权责一致性的朴素法学原理和逻辑。法官责任制度是法官行为的重要约束机制。约束机制的宽严度、运行的实效性、制度的延续性等都在客观上成为规范和引导法官行为的航标，影响法官的实际行为。

一、我国法官责任制度的发展脉络

（一）法官责任制度的1.0时代：错案责任追究制度（1986—1994年）

错案责任追究制度是我国法官责任制度的发端。河北省以强化对司法和行政执法人员监督制约为切入点，从1986年开始推行“错案和执法过错责任追究制”。[1] 1988年7月，吉林省公主岭市人民法院在《人民法庭承包细则（试行）》中规定了错案追究条款。[2] 1990年年初，河北省秦皇岛市海港区人民法院在全国首创错案责任追究制。[3] 1992年2月，最高人民法院在全国法院纪检监察工作座谈会上提出了建立错案责任追究制度的想法，全国范围的探索迅速展开。

法官责任制度的1.0时代具有开创性意义，开启了我国法官责

[1] 河北省社会科学院课题组：《建设社会主义法治国家的重要制度保障——关于河北省推行错案和执法过错责任追究制的研究报告》，载《探索与求是》2001年第4期。

[2] 吉林省人大常委会研究室：《强化内部监督机制 提高自我约束实效——关于吉林省法院系统实施错案责任追究制情况的调查》，载《人大工作通讯》1995年第20期。

[3] 河北省社会科学院课题组：《建设社会主义法治国家的重要制度保障——关于河北省推行错案和执法过错责任追究制的研究报告》，载《探索与求是》2001年第4期。

任制度的序幕，为推进司法的科学、规范和有序做出了巨大贡献。这一时期的错案责任追究制度沿着由下至上的生发路径展开。制度文本多为地方性，探索性特征显著。对于错案采用一元化的结果判断标准，追责标准多样，范围模糊，归责原则不一，过错责任和无过错责任同时并存，执行中表现出扩大适用的倾向。

（二）法官责任制度的2.0时代：违法审判责任追究制度（1995—2007年）

1995年《中华人民共和国法官法》（以下简称《法官法》）出台，设专章规定“惩戒”。其中第32条明确规定，法官不得有13种行为，否则将给予处分；构成犯罪的，依法追究刑事责任。《法官法》以违法行为为核心，搭建起简要的惩戒规则框架体系。1998年8月和9月，最高人民法院相继发布《人民法院审判人员违法审判责任追究方法（试行）》和《人民法院审判纪律处分办法（试行）》，据此，法官责任制度从错案责任追究制度调整为违法审判责任制度，进入2.0时代。

与此相适应，《人民法院第一个五年改革纲要（1999—2003）》中将“强化合议庭和法官职责”作为一项重要任务，强调审判长和独任审判员依审判职责签发裁判文书。《人民法院第二个五年改革纲要（2004—2008）》中明确提及“责任制度”问题，其中将“建立法官依法独立判案责任制，强化合议庭和独任法官的审判职责。逐步实现合议庭、独任法官负责制”等任务明确列明，并将“建立健全符合法官职业特点的法官惩戒制度，制定法官惩戒程序规则，规范法官惩戒的条件、案件审理程序以及救济途径等，保障受到投诉或查处法官的正当权利”作为改革的基本内容之一。

显然，2.0时代，法官责任制度进入了规范化时期。全国有了统一的规范，制度设计自上而下，提出了清晰的规范法官职务行为的思路和框架，并且实现了从仅关注案件结果到关注程序运行，再到法官在审判过程中的审判行为的转变。

（三）法官责任制度的3.0时代：终身追责制度（2008—2013年）

2008年9月，云南省高级人民法院出台《关于法院审判人员违法审判责任追究办法细则（试行）》，标志着法官责任制度3.0时代开启。该细则有两个突出特点：一是责任追究具体到个人，审判员、执行员，省高院领导甚至院长都在被追究责任的范围内；二是规定违法审判情节恶劣，后果严重的，对有关责任人实行终身责任追究。[1]《人民法院第三个五年改革纲要（2009—2013）》中进一步提出完善人民法院错案认定标准和违法审判责任追究制度，强化对法官违反司法行为规范的惩戒措施。2012年4月，河南省高级人民法院在全国率先推出《错案责任终身追究办法（试行）》。该文件不仅名称中高调地使用了“终身追究”的字样，同时也将错案责任终身追究原则明确写进条文中，7种情况的错案将被终身追责。3个月后，河南省高级人民法院进一步推进“深追”力度：案件质量再出问题，不仅追究办案法官的责任，还要追究主管领导直至院长的责任，并明确，要将对后者的追究放在首位。[2]河南省高级人民法院在原有法官责任终身追责的基础上，进一步发展出办案质量连带责任制。法官责任追究的力度和深度都在文本规则层面达到了空前的程度。

3.0时代的法官责任制度与整治和防范冤假错案有紧密的关联。这一时期曝光和纠正的冤假错案不仅牵动着社会的神经，拷问着司法公信力，同时也让人们不断探寻错案背后的责任承担问题。地方法院正是从这一立场出发出重拳，一方面充分显示整饬冤假错案的决心，另一方面意欲借此重拾司法人员的工作责任感。因而这一时期的法官责任制再次沿着自下而上的路径发展延伸。2013年9月中

---

[1] 储皖中、胡鹏：《云南省高院出台强制规定 审判法官又多一道“紧箍咒” 违法办案终身追究》，载http：//news. sohu. com/20080911/n259517543. shtml，2016年6月29日访问。

[2] 王松苗：《党报：法官办错案应连坐问责院领导》，载http：//news. qq. com/a/20120713/000162. htm，2016年7月16日访问。

央政法委下发了《关于切实防止冤假错案的规定》，其中第12条明确规定：建立健全合议庭、独任法官、检察官、人民警察权责一致的办案责任制，法官、检察官、人民警察在职责范围对办案质量终身负责。对法官、检察官、人民警察的违法办案行为，依照有关法律和规定追究责任。至此，终身追责制度成为新的法官责任追究的总基调。

（四）法官责任制度的4.0时代：责任倒查问责制（2014年、2015年至今）

在人民法院系统内部，责任倒查问责机制肇始于对涉诉信访案件[1]和执行案件[2]的处理。全面的倒查追责制规定在2014年9月29日发布实施的《最高人民法院关于人民法院纪检监察部门落实党风廉政建设监督责任的实施意见》第25条中。从现有的情况来看，倒查追责更多地体现为一种责任追查方式，而非追责的制度性原则。责任倒查问责制的出台，更多地彰显了追究法官违法审判责任的决心和力度。

《人民法院第四个五年改革纲要（2014—2018）》及其随后的《最高人民法院关于全面深化人民法院改革的意见》更是旨在系统健全和强化落实司法责任制。2015年3月，周强院长在最高人民法院2014年工作报告中表示：严格落实错案责任追究制度，实行责任倒查、有责必究[3]。十八届四中全会对新一轮的司法改革进行了顶层设

---

[1] 参见2008年12月5日《关于进一步加强人民法院反腐倡廉建设的意见》（法发【2008】39号）、2009年3月17日《人民法院第三个五年改革纲要（2009—2013）》（法发【2009】14号）。

[2] 参见2009年10月28日《最高人民法院关于加强民事执行工作、维护法制权威和司法公正情况的报告》。

[3] 最高人民法院研究室：《2014年最高人民法院工作报告》，载 http：//mp. weixin. qq. com/s? src = 3&timestamp = 1468801550&ver = 1&signature = svcm-jmj5n07HF1XWp9E9sI16 - hRwyq1rgLSYk2Y08ja5QiXV8jvceCx0g9WwEdPF3Ku * YOEcedvSY * bU1LFZgfe9JybQhiQC4ww1OPb4golVcCv4uNitMKELHNPXJJq0JJISwbxebtT20UI JKMld9A = =，2016年7月18日访问。

计。在此背景下，2015年4月10日，中共中央办公厅、国务院办公厅联合下发的《关于贯彻落实党的十八届四中全会决定进一步深化司法体制和社会体制改革的实施方案》中将实行办案质量终身负责制和错案责任倒查问责制作为保证公正司法、提高司法公信力的重要举措提出。以此为拐点，以错案责任追究为底色的法官责任制度迅速升级到4.0时代。

2015年9月，最高人民法院下发了《关于完善人民法院司法责任制的若干意见》（以下简称《责任意见》），对法官司法权限、责任和保障进行了明确规定。《责任意见》第25条明确规定，法官应当对其履行审判职责的行为承担责任，在职责范围内对办案质量终身负责。《责任意见》对违法审判行为和违反法官职业道德和职业纪律的行为进行了区分，法官责任进一步清晰化。法官在审判工作中，故意违反法律法规的，或者因重大过失导致裁判错误并造成严重后果的，依法应当承担违法审判责任。而法官有违反职业道德准则和纪律规定，接受案件当事人及相关人员的请客送礼、与律师进行不正当交往等违纪违法行为，依照法律及有关纪律规定另行处理，不适用《责任意见》予以追责。

（五）法官责任制度的5.0时代：无故不承担错案责任制度（2016年至今）

2016年7月，中共中央办公厅、国务院办公厅印发了《保护司法人员依法履行法定职责规定》，明确提出：法官、检察官依法履行法定职责受法律保护。非因法定事由、非经法定程序，不得将法官、检察官调离、免职、辞退或者做出降级、撤职等处分。其中第11条采用了“非因……不得”的双重否定+条件的复合句式结构，确认法官、检察官错案责任的承担情形包括两种：第一，故意违反法律、法规；第二，有重大过失导致错案并且要有严重后果。同时确认，法官、检察官惩戒委员会审议法官、检察官错案责任案件，应当进行听证。听证程序包括通报违法违纪事实、提出拟处理意见和依据，以及当事法官、检察官陈述申辩等环节。

法官责任制与法官员额制改革紧密相关。入员额是取得审判者资格的前提条件。“让审理者裁判，由裁判者负责”是对权责一致逻辑的落实和强化。2017年4月，最高人民法院根据《责任意见》出台了《关于落实司法责任制完善审判监督管理机制的意见》，旨在通过逐步完善院庭长审判监督管理权力清单的方式，明确院庭长的权限；同时为了摆脱审判的科层沉疴，确认：除审委会讨论决定的案件外，院庭长对其未直接参加审理案件的裁判文书不再进行审核签发，也不得以口头指示、旁听合议、文书送阅等方式变相审批案件。

法官责任制度的5.0时代开始的时间并不长，但在这一阶段，追责思维逻辑逐步转向。开始关注司法人员的基本职业保障需求，从员额制开始，定岗、定员、定待遇。虽然司法官员的职业保障体系仍处于逐步建立和完善的过程中，但是非经法定事由，非经法定程序不受追责的态度和立场已经同以往的四个阶段形成了鲜明的对比。法无明文规定不受追责既是一种追责制度，也是司法官员职业保障的底线。赋权与限权的同步性与一致性使得法官责任制度更趋理性。

二、X省法官责任制度运行现状

总体而言，X省法官责任制度并没有显著的时代划分印记，较为理性和柔和地处理了终身追责和责任倒查的问题，即有上位规范归责的情况下，遵从上位规范，不再做扩大性和提格性的解释和规定。X省的法官责任制度，从文本到实践，既与全国整体密切关联，又具有自身的独特性，在全国五个阶段性法官责任制度的变迁背景下，形成了一个颇具特色的系统。X省的法官责任制度基本上是以案件质量评查为核心展开，根据案件类型、程序流程节点对案件质量进行把控，在把控的过程中注重对法官行为的客观方面和主观方面进行双重考评。

（一）以案件评查和差错认定为核心

X省一直重视法官责任制度建设。法官责任制度的代际差异在X省的分野并不显著。多年来，X省的法官责任制度是以案件评查和差错认定为核心构建的。X省高院先后出台了3个版本的《X省法院系统错案及瑕疵案件责任追究办法》（以下简称《X省追究办法》），通过对案件实体和程序的双向度审查，依法、公开、公平、公正、实事求是地对案件质量进行评查，有错必纠。X省的法官责任追究制度基本上按照纵横两条线进行设置：纵向上依照案件存在问题的性质和严重程度将案件区分为错案、严重瑕疵案件、一般瑕疵案件；横向上依照案件类型将案件区分为刑事、民事、行政和执行案件。《X省追究办法》包括总则，错案、瑕疵案件认定标准，错案、瑕疵案件的发现，案件评查和差错认定，责任认定，责任追究和监督管理共58个条文。

从2013年开始，X省高院关于错案追究的工作进一步加强。修改了《中级法院年度绩效考评办法》，在原来的考评错案及严重瑕疵案件条款中，增加了考评一般瑕疵案件的内容。2014年又进一步修改完善了《X省追究办法》，对错案、重大瑕疵案件的责任人员予以党纪政纪处分、刑事责任追究。X省S市等中级人民法院将错案与法官任免、职级晋职和干部的提拔等直接挂钩，B、J、C市中级人民法院修订《案件质量终身追责制度》，差错案件追责力度逐步加大。[1]

X省的法官责任制度在发展的过程中，逐步细化和深入，并且追责的力度也日益加强，这些都与国家整体的进程保持了一致。X省以案件评查为基点展开的法官责任制度，案件质量是基础，案件

[1] 何勇：《辽宁法院启动错案责任追究机制》，载http://legal.people.com.cn/n/2014/0807/c42510-25425087.html，2018年12月26日访问。

质量评价与法官责任评价具有承接性，制度本身以事（案件）为指向，相对而言，较之以人（法官）为指向的制度安排，更容易被法官接受和执行。

（二）注重追责制度的落实

X 省高级人民法院在完善规定的同时，也注意落实规则。早在 2000 年，X 省 S 市中级人民法院在实行审判长选任制的同时，还确立了审期预警制度，并明确规定审判人员办理一起“人情案”“关系案”“金钱案”，调离审判岗位，实行错案追究直至追究刑事责任。[1] 同年，X 省错案追究出重拳，Y 市多名法官因违法审判受到撤职、开除党籍、开除公职等处分，引起了不小的轰动[2]。2008 年 4 月，X 省高级人民法院召开全省法院电视电话会议，要求全省法院开展依法清理、纠正错案活动。[3] 2011 年 11 月，X 省召开全省法院落实错案责任追究制度电视电话会议，对全面贯彻执行错案责任追究制度进行再部署，强调错案必须纠正，责任必须追究。[4]

2014 年 5 月以来，F 市 Q 县人民法院先后有 11 名干警因涉嫌枉法裁判、收受贿赂等行为被检察机关立案侦查，其中包括院领导班子成员 4 人、审判执行部门负责人 6 人、监察室负责人 1 人。鉴于上述 11 人的违法犯罪行为发生在两任领导履职期间，前任党组书记、院长和现任党组书记、院长应对上述问题的发生承担教育监管不力的领导责任，2 人分别被免去职务，有关部门还将分别给予二人

---

[1] 王贵廷、刘宝权、刘丽娜：《沈阳市中法实行错案追究制》，载《辽宁日报》2000 年 8 月 18 日，第 A01 版。

[2] 霍仕明、张英华：《辽宁错案追究出重拳》，载《法制日报》2000 年 8 月 7 日，第 007 版。

[3] 张之库：《辽宁开展清理积案纠正错案活动》，载《人民法院报》2008 年 4 月 4 日，第 001 版。

[4] 张之库、王伟宁：《错案必须修正 责任必修追究 辽宁对错案责任追究进行再部署》，载《人民法院报》2011 年 11 月 26 日，第 001 版。

相应的党政纪处分。[1] 2014年8月6日，X省高级人民法院院长在全省法院加强党风廉政建设座谈会上表示X省法院将严格落实责任追究，对评查认定的全省法院系统6件错案和瑕疵案件立即启动责任追究程序。2014年全省法院违法违纪干警达25人。2013年，全省基层法院和人民法庭审结案件43万余件，评查认定错案和瑕疵案件496件，实际追究责任71人。[2]

实践表明，十余年来，X省注重追责制度的完善和落实，并且以此不断增强法官责任制度的实效性。

（三）完善细化责任和权力

X省各地法院均在积极努力在现有的法官责任制度框架内进一步细化法官责任和权力，促进责权的进一步统一。特别是2015年之后，进一步采用权力清单、权力运行图等多种形式，将权力、责任明晰化的同时，通过风险标识进行风险防范和控制。并将这些举措进一步与考评体系相融合，在原有的法官责任制度基础上进行创新和发展，推进原有法官责任制度的无痕化过渡以及和新制度举措的衔接。

S市H区人民法院实行审判长负责制和按比例分配责任的权力清单制。按照“权责利统一”的原则，该院同时明确合议庭及其成员的办案责任。[3] L市W区人民法院，绘制《W区法院权力运行图》。重点对立案、审理、执行、鉴定、评估、拍卖等6个审判环节加强防范，查找出50个风险点，并对各风险点进行归纳分析、综合评估，确定了三个风险等级。针对不同风险点和风险等级，制定详

---

[1] 罗沙：《最高法：6名履职不力法院院长被问责》，载http://news.sohu.com/20141010/n404992464.shtml，2018年12月26日访问。

[2] 参见前引[9]。

[3] 周忠贤：《沈阳皇姑法院：追责“错案法官”》，载http://liaoning.nen.com.cn/system/2015/03/31/017070734.shtml，2016年7月6日访问。

细工作流程。[1] 2015 年 10 月，Q 市人民法院以明确审判人员、司法辅助人员权责清单为目标，出台了《Q 市法院司法责任制实施细则》《Q 市法院绩效考评暂行办法》。该院根据责任大小和不同情况分别给予书面检查、通报批评、离岗培训、扣发全年审判绩效津贴、取消评先评优资格、暂停晋职晋级资格、调离审判岗位直至免除法官资格等处罚。并成立法官考评与惩戒委员会，专职对法官办案质量进行责任认定和追究。[2]

（四）创设新制度帮助法官更好地履职

为了进一步帮助法官更好地履行职责，X 省 Q 市人民法院尝试推行专业法官会议制度。审理同一诉讼标的或同一种类起诉的多起案件，当事人一方人数 10 人以上或诉讼标的额 50 万元以上的疑难案件，都要召开专业法官会议。专业法官会议意见是评查案件的重要依据，但并不影响合议庭依法独立行使审判权。专业法官会议集中了法官集体智慧，强化了案件审判的专业咨询与团队协作的协调沟通。[3] 该尝试已经被最高人民法院吸收，规定在《责任意见》中。

法官责任制度并非是为了追责而设，其初衷仍是为了促进法官依法办理案件，确保案件质量。因此，在明确法官依法履职的底线和惩戒的同时，也要积极开拓思路，想办法，帮助法官更好地履职。为此，X 省法院系统进行了积极的探索和尝试，并初见成效。此种努力，与法官职业保障制度有异曲同工之效。

---

[1] 姜翠翠：《辽阳市宏伟区法院以抓制度建设为突破口着力改善司法作风》，载 http：//www. ln. gov. cn/zfxx/qsgd. ./ass_2_1_1/201508/t20150825_1832404. html，2016 年 7 月 16 日访问。

[2] 刘宝权、边锋：《辽宁新民法院司法责任制改革纪实》，载 http：//mt. sohu. com/20160206/n437030569. shtml，2018 年 12 月 26 日访问。

[3] 刘宝权、边锋：《辽宁新民法院司法责任制改革纪实》，载 http：//mt. sohu. com/20160206/n437030569. shtml，2018 年 12 月 26 日访问。

三、X省法官责任制度省察

（一）追责逻辑：以上级意见为识错基调

X省某基层法院的《错案及瑕疵案件责任追究办法》（2016）（以下简称《2016办法》）规定，进行评查和差错认定的案件范围包括：被上级法院改判、发回重审、指定管辖、指令再审或提起再审的案件；本院再审的由本院作出生效裁决的案件。显然，案件评查范围的指向性明显。这一方面与案件数量大，全面评查既不可能也不必要有关，但同时也反映出较强的结果性评价标准的影子，以及以上级评价意见为基调的倾向性。因此，X省法官责任制度的基本逻辑仍是以案件结果为核心构建的，并且以上级法院对案件的评价作为衡量案件对错好坏的基本标准。

从理论上而言，上下级法院之间是审判监督关系，上级法院能够将案件改判或者发回重审，仅仅因为其是上级法院，绝不意味着上级法院的所有意见都是金科玉律、至理名言。因此，当前这种以上级法院意见为线索的错案及瑕疵案件识别路径选择并不具有当然科学性和正当性，反而在客观上固化了人民法院系统内部的行政化倾向，案件请示做法屡禁不绝是案件承办法官强烈的自我保护意识和责任风险规避的选择结果。这样的追责逻辑有违法官责任制度的初衷。

（二）自认自定：责任认定与责任承担主体混同

现行的法官责任制度仍为人民法院内部的监督管理制度。《2016办法》中所指的责任人包括案件承办人、合议庭成员、案件签发人及审判委员会委员。《2016办法》中确定：错案、瑕疵案件评查处理的责任主体为立案二庭、审判业务庭、委员合议庭（由副院级审判委员会委员共同组成的合议庭）、审管办、政治处和监察室。委员合议庭为错案和瑕疵案件评查的核心决策机构，其评查意见最终交审判委员会讨论。显见，责任主体和责任认定主体有较大的交叉性和重叠性。虽然《2016 办法》中也规定了相应的回避规则，但是责任人和责任认定人均处于一个法院的工作环境中，是同事、朋友或者上下级关系。而且根据 X 省高级人民法院的规定，要对错案和瑕疵案件所在的法院绩效考核作相应的扣分处理。如此一来，案件的责任主体就不仅仅是直接办理案件的个人，还有其所在的单位集体。当法院自身也成为差错案件的责任主体时，就必然削减其认定差错案件的动力，并且作为案件的利益相关方，有成为掩盖责任的“共犯”的可能。

无论法院内部由谁来具体进行责任认定，均违背了“任何人不能做自己法官”的自然法原则。责任认定主体不具有中立性立场，责任认定者与责任承担者混同，直接影响了责任认定的公平性和公正性，也客观上导致最终被追责的法官数量寥寥。制度设计将法官和法院捆绑为利益共同体，“壮士断腕”只能是不得已而为之的无奈选择，绝不可能成为常态。责任认定主体与责任承担主体的混同，必然导致法官责任追究阻碍重重。

（三）进退失据：责任追究规则常变常新

从前面的梳理可以清晰地看到，近三十年来，我国法官责任制度变化不可谓不多。最近五年以来，法官责任制度更是不断迭代升级。X 省本身的变化虽然不大，但是国家层面，及最高人民法院层面不断出台新的规范性文件，这些规范地方也要遵照执行。法官追责规则常变常新的做法的确能够与时俱进，紧扣当前形势和时代特征，但是其最大的弊端莫过于规则“条出多门”“朝令夕改”，让人无所适从。新的规范性文件是否具有溯及既往的效力，对于运用规则的法院和法官而言都是一头雾水。而且经常性地出台新规范，往往使得既有规范得不到应有的重视和严格的落实。在规则林立的情况下，到底哪个规则才是约束法官行为的最基本规则，法官们无所适从，难免进退失据，左右为难。法官责任制度也难免“形在神散”，难以落实。

（四）宽严不定：运动式从众追责

从X省追究法官责任的情况来看，运动式治理的特征显著。2000年的Y法院和2014年的F市Q县人民法院的法官追责案例均以窝案的形式出现，追责人数较多，即追责从众。从众式追责看起来轰轰烈烈，具有示范性效应，但是在特定的小范围群体中，则成为一般化状态，反而削弱了法官责任制度的一般预防和特殊预防效果。而且，从众追责的情况并非常态。2013年，X省基层法院和人民法庭审结案件43万余件，评查认定错案和瑕疵案件496件，实际追究责任71人。[1] 被追责人员与问题案件的比例为7∶50，不仅追责的比例不高，而且罕有追责从重的实例。

对法官责任追究宽严的弹性化，以及严一时、松一段的追责形态，导致法官责任追究具有很大的偶然性，这与法治的基本精神不符，也不利于树立法官的责任意识、规范法官的行为，更有碍于司法公信力的树立和司法权威的提升。

四、X省法官责任制度优化

法官责任制度是法官惩戒制度的重要组成部分，建立科学、规范、操作性强的法官惩戒制度将为法官确立正确的行为引导机制和激励机制，从而推动法官行为的规范化。具体而言，X省的法官责任制度优化主要应从以下几方面着手。

---

[1] 何勇：《辽宁法院启动错案责任追究机制》，载 http：//legal. people. com. cn/n/2014/0807/c42510 -25425087. html，2018年12月26日访问。

（一）转变追责逻辑：从关注案件到关注法官职业行为

马克思说："对于法律来说，除了我的行为以外，我是根本不存在的。"[1] 笔者认为，在法官责任制度中，也同样应当遵从这一逻辑。考量法官责任时，从法官的职业行为入手。法官心证形成过程，法律已经通过规范证据运用、事实认定、法律适用等方面进行了规范，因而，只要法官已经遵从了这些规则，裁判结果就具有可接受性。现在的法官都不再是"自动售货机"，裁决之间的差异性必然存在，以结果论"英雄"既不科学，也不合理。

推行多年的以结果为导向、以错案追责为基调的法官责任制度的弊端已经显而易见。为了不被追责，法官更倾向于选择不独立表达意见，而是更多地当"听话先生"。潜在的案件请示、更多的审委会定案成为司法中常见的现象，不同版本的错案追究制度都催生了各种情境中的非司法状态和非司法行为。以推进司法审判和审判公正为指向的制度设计和改革，往往事与愿违。

从结果中心主义转变到行为中心主义的追责路径上来，"根据司法活动的规律，重新构建法官的职业行为规范，以划定法官从事政治活动、社会活动、人机交往、经营活动等方面的行为边界，避免法官存在明显的利益冲突或者严重影响其司法行为的行为。"[2] 以行为规范为核心，通过正向激励和反向规制，不断重塑司法行为模式，固化司法行动路径，完善司法行为逻辑，让法官们不再进退维谷、左右为难。我国的错案责任追究制度也将会在不远的未来升级为更加科学完备的法官奖惩制度。

（二）中立化追责主体：从内部到外部

联合国《关于司法机关独立的基本原则》中规定：法官因不称

---

[1] 《马克思恩格斯全集》（第 1 卷），人民出版社 1995 年版，第 121 页。

[2] 陈瑞华：《法官责任制度的三种模式》，载《法学研究》2015 年第 4 期。

职或行为不端使其不适于继续任职时，可以通过指控、弹劾程序对其做出停职或撤职的处理。对法官作为司法或专业人员提出的指控或控诉应按照适当的程序迅速而公平地处理。法官应有权利获得公正的申诉机会。有关纪律处分、停职或撤职的程序的决定须接受独立审查。《最高人民法院关于全面深化人民法院改革的意见》中已经明确要在国家和省一级分别设立由法官代表和社会有关人员代表组成的法官惩戒委员会。《责任意见》中规定，对于法官违法审判行为的调查由人民法院的监察部门负责，并最终由法官惩戒委员会作出责任认定。

因此，从规则体系上看，X省法官追责主体从内部到外部的转换在制度上已经不存在障碍。2016年9月X省法官检察官遴选（惩戒）委员会已经成立，法官责任认定主体的中立性问题已经解决。具体追责程序等仍需要进一步细化，否则追责主体的中立化形式意义大于实质意义。

（三）稳定追责规则：从内部规则到外部规范

总体而言，X省的法官责任制度是相对稳定的，《错案及瑕疵案件责任追究办法》每次修订都是进行微调，变动不大，确保了执行上的延续性。但是国家和最高人民法院层面的规则变化比较大，X省的相关规则势必要作出一定的调整。对于法官行为的规范，并不完全适合“整风”模式，对法官的管理，更应该遵从法治的基本逻辑和路径：行为规则和规范先行确定，而后遵照实施。法官追责规则和程序可以不断优化和提升，但是基本思路和制度逻辑尽量保持一致，否则一个阶段一个样式的状态，仅仅为了解决某些具体问题而选用的“强效”式追责立场，不仅不利于该项制度的建设和发展，而且可能会影响法官们的行为标准和逻辑，进而影响审判活动。法治的优势之一就是规范明确，结果可预期，其对行为的影响是潜移默化的，因此具有可持续性。也正是基于此，2017年最高人民法院出台了《司法责任制实施意见（试行）》，2018年修订之后的《法官法》将司法责任制作为基本原则进行了规定。法官责任追究制度已经逐步进入规范化、体系化的轨道，法治化程度不断提升。

（四）法定化追责：常态化责任自负

无论是 X 省的法官责任制度还是最高人民法院新颁行的法官责任制度，均对法官违法责任进行了明确的规定，从归责原则、责任尺度到责任形式、责任期限等。不管是个人责任还是集体责任（合议庭责任、审判委员会责任）均要细化到具体个人头上承担，可谓是真正的责任自负。这样的制度设计，就改变了以往集体责任等于无人负责的局面，通过真实地触动个人利益，激起个人对行为过程和行为结果的注意义务，最大限度地确保每个参与案件处理的法官履行好自己的职责。

同时，法官责任追究的法定化，也进一步推动了对法官追责的常态化。按照法治的逻辑处理法官问题，规范法官行为，既能最大限度地消解法官责任承担的随机性和政策性因素，也能最大限度地为法官提供法治化的职业保障环境，促成责—权—利三者依存关系的建立，促进责—权—利正向循环生态。

民事执行检察监督的方法和途径研究*

李丽峰** 王益之
孙 祥 石亚菲***

内容摘要：民事执行检察监督是针对民事案件执行过程中出现的问题而建立的一种新型监督制度。监督程序的启动中建议推进律师代理监督制度。在实践中，依职权提起监督制度存在法律规定过于笼统而启动主体理解偏差等问题，有必要与法院进行沟通与协商，拓展依职权监督的范围。民事执行检察监督的方式应增加检察建议执行情况的回复制度，细化检察建议适用的标准。针对检察院的民事执行检察监督职权范围窄问题，建议适当扩大和明确检察院职权，并适当赋予后续程序参与权。针对非诉执行检察监督问题，建议扩大非诉执行检察监督的范围，授予检察机关调查核实权，探索建立检察机关参与的非诉执行案件审查听证程序。

* 本文是2018年度安徽省侦查逻辑办案研究会理论研究课题“民事执行检察监督的方法和途径研究”（项目编号：AHZC2018C01）的阶段性成果。

** 李丽峰：辽宁大学法学院教授，硕士研究生导师，研究方向：民事诉讼法。

*** 王益之、孙祥、石亚菲：辽宁大学法学院2017级诉讼法专业硕士研究生。

关键词： 民事执行　检察监督　检察建议　非诉执行

2012 年修订的《民事诉讼法》正式确立了“人民检察院有权对民事执行活动实行法律监督”制度，2017 年 1 月 1 日《最高人民法院、最高人民检察院关于民事执行活动法律监督若干问题的规定》（以下简称《执行监督规定》）正式施行。现行法律及司法解释的相关规定对强化民事执行检察监督具有重大意义，但内容较具原则性。民事执行检察监督的方法和途径所涉猎的启动主体、具体形式、职权范围及民事非诉检察监督等方面在实践中仍缺乏操作性。本文通过调研 S 市人民检察院民事执行检察典型案例和监督执行的运行情况，[1] 分析现行民事执行检察监督立法存在的问题，提出完善相关制度建议，以期研究结论对人民检察院发挥民事执行检察监督职能，维护当事人合法权益有所助益。

一、扩张民事执行检察监督启动主体

（一）依当事人申请监督

1. 依当事人申请监督存在的问题

《执行监督规定》第 6 条规定：“当事人、利害关系人、案外人认为民事执行活动存在违法情形，向人民检察院申请监督。”申请民事执行检察监督是保障当事人合法权益的有效救济手段。当事人发现人民法院执行过程中存在违法行为时，可向人民检察院申请启动民事执行检察监督程序，当事人是启动民事执行检察监督程序的主体。民事执行检察监督制度确立以来，当事人申请民事执行检察监

[1] 本文所引用的实务数据均来源于对 S 市检察院民事执行检察监督工作的调研，为尊重 S 市检察院的要求，对检察院的名称做隐名处理。如无特殊说明，以下数据和实证信息均来源于该检察院。

督的案件逐年增多。但是，调研显示，当事人申请监督存在一定困难，主要体现如下。第一，当事人对民事执行检察监督工作缺乏了解。主要原因是我国民事执行检察监督制度确立较晚，当事人对检察机关民事执行检察监督的权力需要一定的认识过程。第二，申请监督的当事人专业知识匮乏。当事人的专业知识问题在一定程度上造成了司法资源的浪费或滥用，给执行检察监督制度的实施带来了一定的困难。

2. 依当事人申请监督问题的解决对策

推进律师代理申请监督制度。律师代理的专业性有助于提升申请监督的效果，将当事人监督的愿望转化为监督的诉求。在S市检察院监督工作的实践中，推进检察监督律师代理申请制度取得了良好的社会效果，有益经验值得推广。

第一，与律师事务所建立联络协作关系。律师具有丰富的法学专业知识，在与检察机关的沟通方面能把握监督的重点，及时给予当事人信息反馈与专业支持。

第二，借助律师事务所的平台能够宣传检察监督工作。律师事务所作为法律服务组织，具有服务社会和面向公众的属性，可以接触到广泛的当事人。由律师事务所承担检察监督的信息传播，检察监督工作能够增强当事人的信任感，便利当事人与检察机关的沟通。

第三，强化检察机关对检察监督的公共宣传。检察机关可通过建立微信公众号、媒体传播以及问卷调查等方式拓展宣传方式和途径。当事人可以了解检察机关在民事执行检察监督工作中的重要作用，解决当事人对检察机关民事执行检察监督渠道了解较少的问题，同时获取当事人、律师对检察监督工作的意见，促进民事执行检察监督制度的完善。

（二）依职权提起监督

1. 依职权提起监督存在的问题

《执行监督规定》第7条规定："具有下列情形之一的民事执行

案件，人民检察院应当依职权进行监督：（一）损害国家利益或者社会公共利益的；（二）执行人员在执行该案时有贪污受贿、徇私舞弊、枉法执行等违法行为，司法机关已经立案的；（三）造成重大社会影响的；（四）需要跟进监督的。”《执行监督规定》对依职权提起监督限定在以上四种情况，立法规定过于宽泛，给民事执行检察监督工作的实务操作带来以下困难。第一，对法条理解的偏差。由于法条的规定较具原则性，检察机关与法院基于不同的司法职权、规则的理解与运用往往产生分歧。一方面，在现行制度下，法院本身具备内部机制，检察机关介入民事执行程序关涉法官自身的绩效以及法院的整体利益，易导致法院抵触。另一方面，法院处理执行案件具有丰富的经验，与法院相比，检察院无论在信息来源、监督手段还是监督能力上都有所不及。这些都会对检察机关的民事执行检察监督造成一定的压力。第二，立法规定的检察监督的条件过于笼统。例如，没有界定“损害国家利益或者社会公共利益”的内涵，实践中具体标准只能由检察机关自由裁量，导致各地适用标准不统一，影响检察监督的公信力。

2. 依职权提起监督的问题解决对策

第一，针对职权监督条件理解的冲突问题，建议检察院与法院进行必要的沟通与平等协商。通过加强与法院的沟通，检察机关可以及时有效地获取执行案件的信息，达成双方对立法宗旨理解的共识。在实践中，S 市检察院向法院派出见习执行员的做法取得了良好的效果。2016 年 S 市共有 7 个县、区检察院向法院派出了见习执行员。通过对法院执行活动的观察和了解，提升检察机关的执行监督业务能力和水平，解决了职权监督条件理解的冲突问题。

第二，立法应细化职权监督的条件。首先，将虚假诉讼和公益诉讼案件明确作为依职权监督的类型。这两类案件在执行中都会涉及国家和社会公共利益，近年来案件数量一直处于上升状态，成为民事诉讼法调整的重点。以虚假诉讼为例，S 市检察院 2016 年 7 月开展虚假诉讼监督专项活动，一年时间受理虚假诉讼案件达22起。明确对这两类案件执行的职权监督，检察机关便于整合监督资源，维护司法权威，保障公共利益。其次，配合解决执行难和执行乱问题，立法应细化依职权监督的类型，使职权监督能体现监督之急需。民事执行行为有别于民事审判行为，公权力属性更为突出，执行检察监督应当比审判监督更具主动性和扩张性，针对执行中的重点和难点适时扩大监督权、强化监督职责是执行检察监督制度应有之义。

二、完善民事执行检察监督的方式探讨

（一）民事执行检察监督方式的立法现状

《执行监督规定》第10条规定了“书面了解情况”这一监督方式，并明确了其适用条件和法院回复的期限；第11条规定了“民事执行监督检察建议”这一监督方式，第11条至第14条规定了该监督方式适用的条件和具体的操作机制。以S市检察院民事执行检察工作为例，三年来（2015—2017年），S市检察机关共办理民事执行检察监督案件268件。2016年S市检察机关受理执行监督案件数为88件，发出检察建议共64件，法院采纳检察建议案件数达54件。2017年共办理民事执行检察监督案件128件，发出检察建议105件，法院共采纳检察建议76件，与2016年相比，三项数据同比上升45%、64%、41%，整体民事执行检察监督的案件数量呈现逐年上升的态势。

如图1所示，从监督类型上看，2015年发出的32件检察建议中，针对执行裁决监督的1件，针对执行行为监督的10件，针对怠于执行监督的21件。2016年发出的64件检察建议中，针对执行裁决监督的5件，针对执行行为监督的20件，针对怠于执行监督的39件。2017年发出的105件检察建议中，针对执行裁决监督的7件，针对执行行为监督的32件，针对怠于执行监督的66件。其中，执

行违法情形最为集中的是怠于执行、超期执行，违法情形较多的是法院送达法律文书违反法定程序、虚假诉讼终结本次执行程序等问题。

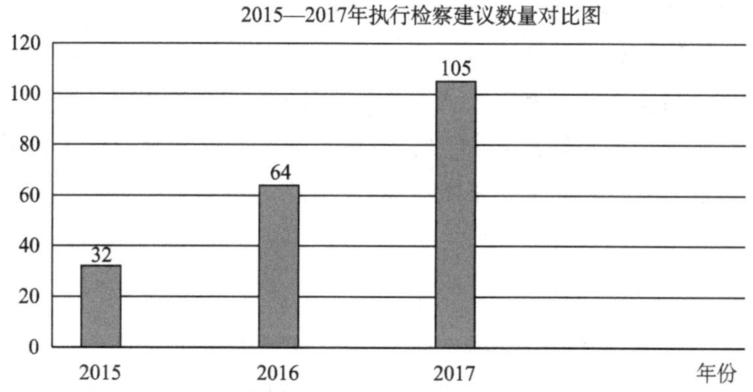

图 1　S 市检察机关执行检察建议数量对比

通过与 S 市检察院民事执行检察处的办案人员座谈，笔者了解到，自《执行监督规定》出台后，民事执行检察监督的方式主要以提出检察建议为主。对于检察建议，人民法院一般都会及时回复，大部分建议会予以采纳。总体而言，《执行监督规定》关于民事执行检察监督方式的落实情况较可观。

在现有民事执行检察监督方式发挥重要作用的同时，调研也显示相关制度存在的不足。一是立法欠缺对检察建议执行情况法院回复的规定。二是检察建议的适用标准有待进一步明晰。三是现有的民事执行检察监督方式较为单一。

（二）完善民事执行检察监督方式的建议

1. 立法应增加对检察建议执行情况的回复

就检察建议的执行情况而言，立法应当在检察建议的立案受理、监督效力的规则基础上，增加法院执行情况回复的规定。《执行监督规定》第 13 条规定，人民法院收到人民检察院的检察建议书后，不采纳检察建议的，应当说明理由。而对于人民法院采纳检察建议的，《执行监督规定》对案件后续执行情况的回复欠缺规定。笔者建议，检察机关可以根据案件的复杂程度，要求人民法院在一到六个月内对检察建议的执行情况做出回复，必要时回复时间可以延长，以防止不论案件大小都机械处理的弊端。[1] 人民法院对执行情况回复的内容和形式可以参考《执行监督规定》第13条的有关规定，即“人民法院收到人民检察院的检察建议书后，应当在三个月内将审查处理情况以回复意见函的形式回复人民检察院，并附裁定、决定等相关法律文书”。

2. 检察建议适用标准的细化

在《执行监督规定》出台以前，司法实践中检察监督方式多种多样，如纠正违法通知书、监督意见、暂缓执行建议、检察建议、执行人员职务犯罪线索的移送等。笔者认为，首先，从强调检察机关的主体身份和地位，加强监督力度两个角度出发，检察建议应当吸收监督意见，监督意见没有单独存在的必要。其次，纠正违法通知书，与检察建议法律效果类似，也无独立存在的必要，可以合并在检察建议中。最后，有关完善暂缓执行建议、执行人员职务犯罪线索的移送等措施，笔者将在后文详细论述。

虽然，《执行监督规定》规定了检察建议的适用范围，但过于宽泛，针对违法程度不同的情形，立法仅规定了一种检察监督的方式，不利于在形式上反映出监督的强度，针对性较弱。为了解决这一问题，除了在制度层面上设立不同的监督方式外，还应在现有制度基础上对检察建议进行分类。笔者建议应将检察建议进行如下划分：第一，针对民事执行行为程序违法情形，检察机关可以发出检察建议，指出程序违法并对如何纠正违法行为依法提出建议；第二，针对执行裁定违法情形，检察机关可以依法提出检察建议，说明裁定

[1] 张炜可、许武、黄稷琛：《民事执行监督实践与制度——一个描述性研究》，载《法制与社会》2017年第32期。

违法理由并依法提出建议；第三，针对怠于执行的情形，检察机关可以发出检察建议，指出怠于执行的理由并明确执行期限；第四，检察机关在进行执行监督工作时发现其他机关消极对待法院的执行，不依法履行生效裁判文书所确定的执行或协助执行等相关义务的情形，检察机关可以对相关的国家机关提出检察建议；第五，检察机关在执行监督工作时发现法院生效判决存在需要进行审判监督的情形，可针对此种情形发出再审检察建议；第六，鉴于民事执行活动之复杂性，针对其他违法情形概括为“关于其他执行违法的检察建议”。

（三）探讨其他民事执行检察监督方式的可行性

1. 执行抗诉的构建

现有民事抗诉的法定效力是启动再审，纠正原错误裁判。执行程序中虽然也有大量裁决行为，但一般的执行裁定、决定、通知等，不适用普通的审判程序，纠正的方式也不是再审。因此，对于这些执行审查行为，目前尚难以通过抗诉这种方式进行监督。笔者认为，基于民事执行的复杂性，可以构建一种特殊的执行抗诉程序来弥补现有法律制度的不足，其目的是强力督促法院对执行裁定重新进行审查，纠正错误的执行裁定。这种特殊的抗诉程序一般不会引起再审程序的启动，它引起的是法院对执行裁定重新进行审查。民事执行程序中的抗诉定义为，上级检察机关认为下级法院做出的执行裁定确有错误时，要求同级法院依法重新做出裁定的监督行为。抗诉程序启动的前提是，检察机关认定法院在民事执行过程中做出的涉及当事人或相关案外人实体权利的裁定或决定确实存在错误之处，例如法院做出的追加、变更被执行主体的裁定、决定，有关案外人提出的执行异议的裁定、决定等，确有错误之处。在检察院提出抗诉的情况下，法院应立即中止原裁定与决定的执行。在民事执行阶段赋予检察机关民事执行抗诉权很好地体现了民事执行检察监督的有限性：检察机关只能针对法院在执行阶段作出的确有错误的裁定与决定，通过法定程序予以纠正，而不能代替法院来确认当事人之间法律上的权利义务关系。检察院提起的民事执行抗诉，只能起到使人民法院对抗诉案件予以重新审查的效果，并不必然导致法院依照检察院的抗诉意见作出新的裁判后果。

具体而言，民事执行阶段适用抗诉方式进行检察监督的裁定和决定主要包含以下几种情形：第一，是法院作出的不予受理、中止执行和终结执行的裁定确有错误的；第二，法院在民事执行过程中做出的对当事人采取拘留、罚款的强制措施的决定确有错误的；第三，法院在民事执行过程中作出的查封、扣押、冻结、拍卖、变卖等措施的裁定确有错误的。

2. 暂缓执行决定权之否定

暂缓执行通知，是指检察机关在民事执行检察监督过程中，依据现有证据和查明的事实，认为继续强制执行可能出现执行回转困难且对执行当事人、案外人或国家利益和社会公共利益造成重大损失时，在申诉人提供担保的情况下，通过暂缓执行通知书的形式，要求法院暂缓执行的活动。在以往的实践中，检察机关有适用暂缓执行通知书的情况，提出暂缓执行建议的原因，往往不是法院执行环节违法，而是原生效裁判可能存在问题，检察机关是为了确保监督效果，避免抗诉再审后可能遇到执行回转困难。对此，笔者认为，暂缓执行建议违背了依法监督的原则，有悖于检察权的职能定位，属于对法院执行权的过分干预。如果检察机关经查证认为继续强制执行将会造成重大的损害，就应当尽快采取检察建议的方式予以监督，或者通过沟通联络程序将已查实的有关情况通报给执行法院，由法院按照法律和司法解释规定研究确定是否暂缓执行，而不宜由检察机关直接提出暂缓执行的建议。

3. 执行人员职务犯罪线索的移送

《执行监督规定》规定了被执行人构成犯罪的移送侦查监督部门

处理。值得探讨的是，对于执行人员职务犯罪的线索是否也需要移送，如何进行移送。职务犯罪线索移送是指检察机关在民事执行检察监督过程中，应注意收集执行人员徇私舞弊、贪污贿赂、滥用职权、玩忽职守、执行判决裁定失职等涉嫌职务犯罪的有关线索，并在发现线索后及时移送至监察机关。通过对执行人员职务犯罪线索的发现和移送，可以纠正执行机关的不当违法执行行为，维护当事人合法权益及国家、社会公共利益。国家监察体制改革后分离了检察机关的权力，针对这种情形应建立检察机关向监察机关移送线索的机制，以便有效地衔接民事执行监督与执行人涉嫌的犯罪的追诉程序。因此，在立法层面上应将职务犯罪的线索移送这一监督方式法定化、程序化。从具体程序上，建议规定办案检察官在发现上述线索后，应向分管检察长汇报，由分管检察长决定并将相关线索移送到监察机关，由其决定是否立案和侦查。[1] 对于监察机关已经立案的案件，人民检察院应当依职权对执行违法的个案进行监督。关于是否对该执行人员参与的所有可能存在违法执行的案件进行全面的审查和监督，还是限于对发现执行违法个案监督的问题，笔者认为，民事执行检察监督应注重对个案的监督，应区别于对该执行人员可能存在犯罪行为的刑事侦查，不能由个案的监督扩展到对该执行人员办理的所有可能出现违法行为的案件进行审查。

三、强化民事执行检察监督的职权

《执行监督规定》第 8 条、第 9 条、第 15 条分别规定了检察院在民事执行检察监督中享有的调取材料权、调查核实权以及促成和解权。但是，规定比较原则简单，所涉的权力范围也较为狭窄。另外，《执行监督规定》未赋予检察院必要时参与法院执行程序的权力。

[1] 徐军强：《新〈民事诉讼法〉视野下民事执行检察监督效果的强化》，载《黄河科技大学学报》2017 年第 19 卷第 1 期。

（一）调取材料权

《执行监督规定》第8条规定："人民检察院因办理监督案件的需要，依照有关规定可以调阅人民法院的执行卷宗，人民法院应当予以配合。"但《执行监督规定》对案卷材料移送的范围欠缺规定，对调阅人民法院执行卷宗的案件范围规定较窄。笔者建议，在案件材料移送方面，立法应当明确规定案件材料的范围，将审判卷宗和其他有关执行案件的材料纳入案件材料的范围。明确人民检察院因办理监督案件的需要，不仅可以调阅人民法院的执行卷宗，还可以调阅审判卷宗和其他有关执行案件的材料。对于检察机关工作人员与执行人员就案件材料、情况的沟通问题，应当建立相应的联络机制，保持通信畅通。[1]

（二）调查核实权

《执行监督规定》第9条规定："人民检察院因履行法律监督职责的需要，可以向当事人或者案外人调查核实有关情况。"立法采取概括方式进行规定，避免了具体列举不可能周全的尴尬问题，但也导致实践中各地具体运用的多样化。笔者认为，可以对《执行监督规定》中的调查核实权进行细化规定。

1. 规范启动调查核实权的方式

司法实践存在"依当事人申请"和"依职权发现"两种监督启动方式。对于检察机关行使调查核实权应当以"当事人申请"为主，还是以"依职权发现"为主，一直存在争议。笔者认为，两种方式没有主次之分，是否进行调查核实，应当从案件本身出发，在具体案件中区别对待。其一，对损害国家利益、社会公共利益或者审判、执行人员有贪污受贿等违法情形的，检察机关作为法律监督机关，

---

[1] 张炜可、许武、黄稷琛：《民事执行监督实践与制度——一个描述性研究》，载《法制与社会》2017年第32期。

基于维护国家、社会公共利益和司法公正的需要，应当依职权主动进行调查。其二，对于只涉及公民个人利益的，检察机关应尊重公民对自己权利的处分，当事人没有申请的，不应进行调查。对于当事人申请的，也应当以客观原因造成的当事人“举证不能”为限，否则可能造成当事人双方诉讼地位不平等。

2. 明确调查对象

《执行监督规定》规定的调查核实的对象是“当事人或者案外人”。笔者认为，从调查核实权的法律属性及适用目的角度理解，调查核实应当围绕原审判决中的诉讼参加人展开，调查的对象包括原审裁判的当事人及其诉讼代理人。此处的“案外人”不能等同于《民事诉讼法》第227条规定的“案外人”，其所指“案外人”应是在启动调查核实程序后，需要配合的除当事人以外的“单位和个人”。

3. 确立行使调查核实权的期限

依据《民事诉讼法》第209条规定，人民检察院应当在三个月内对当事人的审查申请作出决定。可见，检察机关行使调查核实权的期限也不能超过三个月。然而，调查核实工作很可能采取委托鉴定、评估等措施，调查时间往往具有不确定性。虽然《人民检察院民事诉讼监督规则（试行）》第74条规定了人民检察院中止审查的四种情形，但并不包括调查核实。笔者认为，立法应将调查核实列为其他可以中止审查的情形；将调查核实权的期限确立为三个月，但对于需要委托鉴定、评估、勘验等无法确定准确期限的，可以中止审查。

（三）促成和解权

《执行监督规定》第15条规定：“当事人在人民检察院审查案件过程中达成和解协议且不违反法律规定的，人民检察院应当告知其将和解协议送交人民法院，由人民法院依照《民事诉讼法》第二百三十条的规定进行处理。”《执行监督规定》肯定了人民检察院在民事执行活动中的促成和解权。执行和解是在生效法律文书的执行阶段，双方当事人自愿协商下达成变更原生效裁判所确定的内容，其实质上是双方当事人对已被生效法律文书确认的民事权利再行处分的行为。执行检察和解根源于执行和解制度，出于对当事人真实意思表示的完全尊重，执行检察和解能积极促成当事人合意解决纠纷，体现了民事执行检察监督程序中检察机关的参与权。[1] 执行检察和解是当事人协商一致的结果，本质上是当事人达成的诉讼契约。但是，在和解协议的形成过程中，检察院可以通过与各方当事人沟通、进行专业普法、预知法院裁判结果、说理教育等多种方式，积极促成当事人达成执行和解协议，以柔化方式化解法院执行难问题。

（四）后续程序参与权

笔者认为，检察院在提起检察建议后，法院重新对该执行案件进行审查，在后续的执行案件中，检察院可以参与法院的执行程序。虽然，《执行监督规定》未对此作出规定，但检察院参与法院的执行程序并不与现有法律制度相违背。首先，检察院参与法院的执行程序应当严格加以限制，必须是对检察院提起检察建议后法院据此执行的案件才可以参与，以免造成检察院对法院民事执行活动的过分干预。其次，检察院的程序参与权作为一种权力，它的行使也要以必要性为前提，即检察院参与法院的执行程序必须是法院存在可能影响民事执行活动等情况。最后，针对不同的民事执行案件，立法可以设立不同的参与方式。比如，规定执行程序中检察机关参加听证会议以及对部分民事案件执行活动派员现场监督等方式。其中，针对派员现场监督这一方式，立法应当限定为重大案件、涉众案件的执行，并应严格限定于区域内有重大影响、可能引发群体性纠纷

[1] 张向军：《民事检察和解问题研究》，载《长治学院学报》2014年2月第31卷第1期。

的重大执行案件。

应特别强调的是，怠于执行案件需要强化检察院的后续程序参与。在民事执行监督实践中，怠于执行案件数量最多。S 市检察院 2015 年发出怠于执行检察建议 21 件，占执行监督案件总数的 66%；2016 年发出怠于执行检察建议 39 件，占执行监督案件总数的 61%；2017 年发出怠于执行检察建议 65 件，占比 62%（见图 2）。怠于执行案件所占比例居高不下，大量案件无法终结。

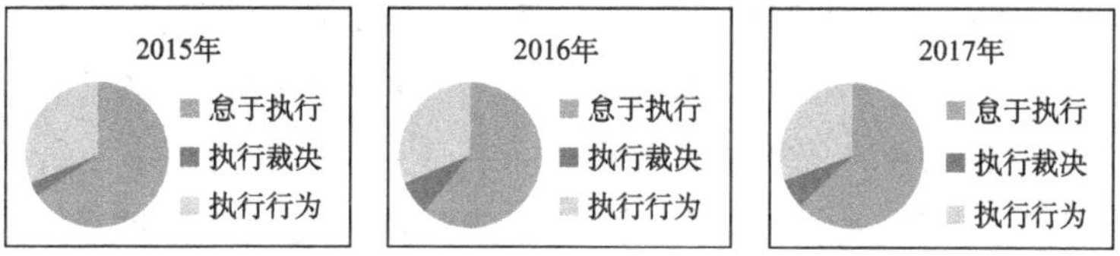

图 2　S 市检察院 2015 年至 2017 年怠于执行案件数量统计

笔者建议，对怠于执行案件，检察院有权对该案件的后续执行进行全程监督。从法院依据检察建议重新启动执行程序开始，检察机关就有权对后续所有情况进行监督，以保障民事执行检察监督的针对性、有效性。

四、完善非诉执行检察监督程序

（一）非诉执行检察监督的现状及立法存在的主要问题

从 2018 年 3 月开始，全国的检察机关展开了民事、行政非诉执行监督的专项活动。这一专项活动的开展进一步明确了检察机关对人民法院执行活动的监督范围，加强了人民法院对非诉法律文书的执行力度，保障和维护了当事人的合法权益。

非诉执行案件作为执行案件中的一种特殊类型案件，近年来案件数量日益增多，案件的情况比较复杂，涉及的案件主体比较多，执行工作的难度也增加不少，人民法院在非诉执行过程中存在的诸多问题亟须检察机关进行监督。我们可以结合S市检察院提供的从2018年3月至10月期间针对此专项活动开展的工作情况来简要分析非诉执行监督的现状及其存在的问题。

从2018年3月到10月，从2018年3月专项活动开展以来截止到10月份，S市人民检察院共计办理非诉执行监督案件97件，其中，人民检察院在履职过程中自行发现的有93件，包括依职权向法院调取卷宗发现的24件，在办理公益诉讼案件中发现的69件；当事人直接到检察机关申请监督的有4件。通过这一数据统计显示来看，当前非诉执行监督案件数量较少，当事人直接到检察机关申请监督的案件数甚少。这主要是因为检察机关在过去的民事执行检察监督时把更多的精力用在了法院的生效判决的案件上，非诉执行监督对于检察机关而言，是检察监督的一个全新的领域，实践经验不足。而在理论上，关于非诉执行检察监督的法理支撑不足，学术研究文献也屈指可数。这就使得在具体的办案过程中的疑难问题无法寻得法理的解释，检察人员往往无从下手。

在此方面，现行立法的主要问题在于立法上，欠缺对非诉执行检察监督特殊规则的规定，使得检察监督法律依据不足，就制度设计而言存在下列问题。

1. 监督范围窄

从监督违法情形来看，S市检察院监督的97件案件的违法情形主要针对法院怠于履行职责，无正当理由超期执行、未执行完毕等情形。就这一统计结果来看，检察院监督在非诉执行监督的范围上过于狭窄，并未触及非诉案件的核心环节。非诉执行案件由于其执行根据是由仲裁机关或公证机构做出的，对非诉执行案件的监督是从案件立案到执行结案的全过程，监督范围不应当仅仅限于法院怠于履行职责，无任何理由超期执行、未执行完毕的情形。

2. 监督权力不足

《执行监督规定》第8条规定："人民检察院因办理监督案件的

需要，依照有关规定可以调阅人民法院的执行卷宗，人民法院应当予以配合。”第9条规定：“人民检察院因履行法律监督职责的需要，可以向当事人或者案外人调查核实有关情况。”人民检察院因履行法律监督职责的需要，可以向当事人或者案外人调查核实有关情况。可见，通过这两个法律条文我们可以看到人民检察院在进行民事执行检察监督时拥有向人民法院以及当事人、案外人进行调查核实的司法权。但是，在非诉执行检察监督程序中的法律主体还包括依法出具具有执行内容的仲裁调解书、裁决书的仲裁机关和依法作出具有强制执行效力的公证债权文书的公证机构。但很显然，法律规定中并没有直接授权给人民检察院对于这几类主体的调查核实权，这必然会影响到人民检察院对非诉执行案件的事实情况全面调查核实，从而影响到检察监督的效果。

3. 缺乏监督的程序保障

人民法院强制执行的非诉执行案件需要经过两个程序，即司法审查程序和强制执行程序。当事人向人民法院申请强制执行的非诉执行案件，必须经过司法审查程序作出执行裁定后才能进入执行程序。广义的司法审查应当包括立案时的审查和立案后的审查。这里的司法审查是立案后的审查。正是由于非诉法律文书作出主体的多样性，非诉执行案件更加复杂，相应的人民法院的审查难度将会增大。所以，人民检察院可适当提前介入人民法院的司法审查环节进行检察监督。但目前立法没有对此前置监督进行规定。

4. 监督方式单一

目前，对于民事执行检察监督主要采取检察建议的方式，非诉执行监督亦如此。但由于在非诉执行检察监督中，由于涉及仲裁机关和公证机构，与诉讼执行检察监督相比，其具有特殊性。因此，必须根据非诉执行检察监督的特殊需要，拓展非诉执行的监督方式。

（二）非诉执行检察监督立法的完善建议

本次检察机关针对非诉执行案件的监督是以专项监督活动的形式进行的，由于存在具体的考评指标和考评任务压力等诸多因素，检察机关更多地将精力放在完成本次专项活动的考评任务上。随着今后检察机关对非诉执行检察监督的不断深入，必然会对检察机关提出更高的要求。因此，针对非诉执行检察监督制度上存在的问题，提出以下完善建议。

1. 扩大非诉执行检察监督的范围

第一，应当以人民法院对非诉执行案件的立案为起点，重点监督人民法院是否存在对符合立案条件应立案而不立案或者对不符合立案条件而予以立案的情形。由于人民法院非诉执行案件的执行根据是由仲裁机关或公证机构做出的，人民法院的立案环节直接关系到当事人的执行利益诉求能否进入法院的执行程序，在立案环节出现错误或违法情形将直接影响到各方当事人的合法权益，从而影响仲裁机构以及公证机构的权威，损害司法权威。因此，对于非诉执行的监督，监督起点应当是人民法院的立案环节。即当事人向人民法院申请强制执行时认为法院在立案环节有错误的，在穷尽其他救济手段后，可以向人民检察院申请检察监督。

第二，将公证或仲裁行为纳入检察机关监督范围之内。这一监督的内容应限定在人民法院已经进入实际执行环节，人民检察院对非诉执行案件实际检察监督之后，否则将对人民法院的正常执行工作形成不当干扰。即人民法院执行有误，当事人申请人民检察院进行检察监督或人民检察院依职权进行检察监督时，人民检察院将有权对相关公证及仲裁行为一并进行检察监督。重点监督非诉法律文书是否依法作出，是否存在虚假仲裁、违法公证等情形。这是由民事非诉执行的特点决定的。人民法院执行的根据是由仲裁机关和公证机构作出的，与人民法院的判决相比，人民法院审查非诉法律文书的难度更大，审查过程中难免会出现各种各样的错误与疏漏，将公证或仲裁行为纳入检察机关的监督范围，使得人民检察院对于整个非诉执行案件的各个环节有更为清楚的了解。这也将成为人民检察院检察监督工作的重点。

第三，对人民法院实际执行阶段的监督，内容应包括人民法院是否存在超期执行、超标执行、执行裁决错误、执行措施违法、滥用终结本次执行程序、执行人员是否存在违法执行等问题。这一阶段是人民法院“执行难、执行乱”之问题多发阶段。这一阶段的检察监督效果对于当事人非诉利益的实现具有重要的影响，也理应成为人民检察院检察监督的重中之重。

2. 授予检察机关调查核实权

调查核实权是人民检察院在执行检察监督过程中查清案件事实，纠正执行错误，保护当事人合法权益的必要手段。由于相关法律规定不完善和不明确，人民检察院在调查非诉案件事实情况时遇到较多的阻碍和困难，显得底气不足。因此，笔者认为，在今后的法律完善过程中应当授予人民检察院在进行非诉执行检察监督的过程中依法对被执行人、有关机关、社会团体、企事业单位或个人了解案件事实的权力，使得人民检察院在调查案件事实时可以向仲裁机关和公证机构进行调查。同时，应当特别强调人民检察院拥有在必要时可以向制作生效法律文书的机构依职权调取卷宗材料的权力，从而能够有效避免人民检察院依职权调阅卷宗时与仲裁机关和公证机构产生争议，顺利地完成对案件事实的审查核实。在非诉执行检察监督过程中，只有充分授予人民检察院相关权力才能使得人民检察院在进行检察监督工作时能够充分调查核实案件事实情况，从而更有效地实现检察监督。

3. 探索建立检察院参与非诉执行案件的审查听证程序

针对非诉执行案件，人民检察院在提起检察建议后，法院应重新启动执行案件审查程序。由于非诉执行案件的情况复杂，为防止人民法院在后续执行审查过程中出现新的错误，笔者认为，应探索建立人民检察院参与的审查听证程序。其目的是在后续的检察监督中，人民检察院能够继续发挥其检察监督的作用，有效保障人民法院非诉执行活动的执行权。这一程序的建立，使人民检察院在后续监督中适当参与人民法院的审查环节，在符合现有法律规定精神的基础之上，将有效化解检察建议后续检察监督力度不足的问题。具体程序设计如下。

第一，如果对所有的非诉执行案件均规定组织听证会，那么必然会影响到人民法院的正常执行程序和执行的效率。所以，笔者认为，人民检察院参与的司法审查听证程序应针对下列非诉执行案件情形之一：有重大影响或疑难、复杂的案件；人民法院执行出现重大错误的案件；当事人申请听证，人民检察院认为应当听证的案件；非诉执行结果无法逆转的案件，等等。

第二，关于听证的具体程序，建议如下。

（1）听证前，人民法院应提前通知检察机关派员参加，并告知其听证的时间、地点和参加人员。

（2）听证过程中，为防止检察机关过度干预人民法院的司法审查活动，人民检察院出席人员在听证过程中不能当场就人民法院的审查内容发表意见，如果认为人民法院审查有错误的，应在听证会结束后，人民法院作出执行裁定前向人民法院发出检察建议。

（3）听证结束后应制作听证笔录，人民检察院出席人员在笔录上签名捺印。

（4）以听证过程作为裁定依据。听证结束后，合议庭应根据听证情况对案件进行评议。人民检察院出席人员不对审查的结果具有评议参与权，最终的审查结果由人民法院合议庭评议决定。同时，为避免检察机关参与听证会流于形式，检察机关出席人员应对听证会笔录当场核查并形成书面报告。

4. 完善非诉执行案件的监督方式

第一，扩展检察建议适用的对象。针对因非诉法律文书出现错误导致的执行错误的非诉案件，人民检察院可以在向人民法院作出检察建议的同时，直接向作出非诉法律文书的仲裁机关和公证机构发出检察建议。首先，检察建议并不是专门针对人民法院的专用文书，而是可以向其他机关和机构发出的。其次，前文已提及将公证或仲裁行为纳入检察机关监督范围一并进行检察监督，发出的检察建议将针对其作出的非诉法律行为的改正形成有力的督促。最后，直接向仲裁机构和公证机构发出检察建议，对执行中出现的相关问题更为迅速和有效地解决。因为虽然在非诉执行检察监督中监督的对象是人民法院，但是非诉法律文书的作出主体是仲裁机关和公证机构。由仲裁机关和公证机构针对非诉法律文书的错误问题启动相关程序加以解决，避免人民法院重新启动审查程序，将极大地提高人民法院的执行效率和实现更好的执行效果。

第二，适度扩大执行检察监督的方式，如回复函、执行抗诉等等（参考本文第三部分论述，不再赘述）。

论诈骗犯罪处罚界限

唐煜枫*

诈骗罪是一个古老的犯罪，早在《唐律·诈伪》中就有“诈欺官私以取财物者，准盗论”的规定。在《宋刑统》和《大明律》中均有类似规定，清朝刑律还专设“关于诈欺取财之罪”。在我国当今的刑法体系中，诈骗犯罪除刑法分则第五章侵犯财产罪中的诈骗罪外，还有第三章破坏社会主义市场经济秩序罪中的金融诈骗罪和合同诈骗罪的规定，其中金融诈骗罪和合同诈骗罪都是由诈骗罪中分离而来。本文所讨论的诈骗犯罪处罚界限涵盖了刑法所规定的全部上述犯罪。

一、问题的缘起

最近几年的相关司法统计显示，诈骗犯罪在我国呈现逐年上升趋势。根据公安机关统计，2010 年全国公安机关立案的诈骗罪案件共 457350 件，占当年全部刑事立案案件的 7.66%；2011 年诈骗罪立案总量为 484813 件，占当年全部刑事立案案件的 8.07%；2012 年立案的诈骗案件为 555823 件，所占比例为 8.48%；至 2013 年诈

---

* 唐煜枫，女，辽宁大学法学院副教授，硕士研究生导师，研究方向：刑法学。

骗罪立案总量迅速增至676771件，而该罪在当年全部刑事案件中所占比例也同步上升至10.26%。2014年至2016年的相关数据分别为785306件、1049841件、979956件，占比分别为12%、14.6%和15.2%。❶ 相较于2005年203083件的立案总量和4.37%的比例以及2006年213648件的立案总量和4.59%的比例，诈骗罪数量逐年稳步上升的结论可谓不折不扣。

由于我国司法统计方面的局限，对于金融诈骗罪和合同诈骗罪缺乏全国性的系统司法统计，只在一些研究报告所使用的抽样数据中略露端倪。虽为管中窥豹，却也能反映出一定的犯罪现实。例如，根据近些年来中国企业家犯罪的一些调研报告，诈骗类犯罪始终是民营企业家的主要犯罪类型，而且合同诈骗罪和集资诈骗罪明显在其中占据比较高的比例❷。虽然这只是特定人群犯罪状况的不完全描

❶ 上述数据来源于国家统计局官网，http：//data. stats. gov. cn/easyquery. htm? cn = C01，2018年10月8日访问。

❷ 例如，由王荣利撰写并由《法人》杂志发布的《2011年度中国企业家犯罪报告》中提到，以民营企业家为犯罪主体的初步确定或者判决已确定犯罪罪名的109例案例中，各类诈骗罪共41例，其中合同诈骗罪11例、集资诈骗罪13例、贷款诈骗罪5例、信用证诈骗罪1例、诈骗罪11例。在《2012中国企业家犯罪媒体案例分析报告》中，158例民营企业家犯罪案件共涉及73个罪名，其中诈骗罪15例、合同诈骗罪13例、集资诈骗罪11例，占当年民营企业家涉案总罪数的15.5%。该年度还少见地出现了国企企业家诈骗犯罪的案例，在85例国企企业家涉及的30个罪名中包括诈骗罪3例、集资诈骗罪和票据诈骗罪各1例。在北京师范大学中国企业家犯罪预防研究中心发布的《2013中国企业家犯罪报告》中，民营企业家当年度涉罪的共483人，涉及72个罪名。其中诈骗罪54人次、合同诈骗罪35人次、集资诈骗罪21人次、信用卡诈骗罪7人次、保险诈骗罪5人次、金融凭证诈骗罪3人次，贷款诈骗罪、票据诈骗罪各1人次。该年度也有国企企业家涉案诈骗犯罪，而且较之上年度有所增加，在133名国企企业家中，诈骗罪3人次、贷款诈骗罪2人次，集资诈骗罪、贷款诈骗罪各1人次。上述报告均以媒体公开报道的案例为取样对象。北京师范大学中国企业家犯罪预防研究中心发布的《2014中国企业家犯罪报告》以“中国裁判文书网”公布的刑事案件判决书、裁定书为检索对象，从中筛选出657例作为分析样本。其中，677名犯罪民营企业家涉及51个具体罪名，上述罪名共被触犯782次，包括合同诈骗罪40次、集资诈骗罪14次、诈骗罪10次、信用卡诈骗罪4次、金融凭证诈骗罪1次。合同诈骗罪全部发生在民营企业。案发环节主要集中在经营过程（35.90%）和贸易过程（41.03%）。经营过程和贸易过程合同诈骗案件发生率较高，折射出经营主体和贸易主体诚信严重缺失。该罪刑罚适用情况：被处以5年以下有期徒刑的占全部犯罪人的31.43%，被处以5年以上不满10年有期徒刑的占11.43%，被处以10年以上有期徒刑的占57.14%。

述，但从中所展现出的是合同诈骗罪和金融诈骗罪不容乐观的现实。

之所以要对诈骗犯罪的现实状况做上述介绍，是因为对于这样一种古老的，而且在现实中又有着明显增多趋势的犯罪形式，理论上出现了要严格限制其成立范围之议，主张不宜将教义学设计的诈骗罪构造条件绝对化，应当与时俱进地对诈骗罪的“欺骗行为”进行限缩性解释，而且必须对集资诈骗罪中的“诈骗方法”进行二次缩减，对生活、市场、投资和投机四领域发生的欺诈行为的认定应采用宽严不同的标准，并主张经济犯罪的政策选择与危害评价必须本地化。❶ 这种限制处罚范围的观点并不涉及量化标准，而是直接指向了刑法规定之诈骗行为所能包括的行为类型。同样是侵犯财产权利的盗窃、抢夺、敲诈勒索等自然犯，没有面临如此强烈地限制其处罚范围的愿望，为何对诈骗犯罪提出这样的需求？这样的限定方法是否妥当？

不可否认，近些年来司法实务部门对征地拆迁、市场经营、融资等领域中诈骗犯罪的认定确实存在一些值得商榷的做法，甚至不乏出入人罪的裁判。如何理解、建构诈骗犯罪的构成要件直接关系到能否为实践中合法合理地划定处罚界限提供理论支撑。探求诈骗犯罪处罚界限的理论基础和适用标准就是本文努力的目标。

一、诈骗犯罪处罚界限之确定的理论基础

（一）刑法的处罚界限

刑法的最后手段性是理论界公认之基本原理，即除非其他较温和的制裁手段不足以使法益得到充分、有效保护，否则不得以刑法介入社会生活之管理，刑事立法和司法均应把刑法适用范围控制在

❶ 高艳东：《诈骗罪与集资诈骗罪的规范超越：吴英案的罪与罚》，载《中外法学》2012年第2期。

尽量小的限度之内。诈骗犯罪的司法适用，从根本上讲，当然应该受制于该原理，其处罚界限应当以其他部门法不足以使被害人财产权利得到充分、有效保护为基准。但问题在于，作为基本原理的所谓其他较温和的制裁手段不足以充分有效保护法益的判断标准是什么？而且，法益受侵害或者说保护法益，这只是一个重要的限制刑法适用的原则，还是其同时也是启动刑法的正当性根据？如果只是限制刑法适用的原则，那么在法益保护之外，以刑法制裁相关行为是否还需考虑其他根据？这些问题的回答都会关涉刑法处罚界限的划分。

此外，正因为可能有其他制裁手段作为替代性措施的存在，会使得划定刑法的处罚界限增加难度。尽管在大量关于刑罚威慑性效应是否存在的研究中充满了矛盾的结论，但刑罚制裁在法律责任体系中显然不可或缺，同时我们又提倡尽量以其他制裁手段代替刑罚，这意味着在两者各自管辖范围的边界必然存在着模糊性区域，如何在这样的模糊地带划定界限是无法逃避的难题。刑事法理论必须要发展出妥当的原则和方法对比予以应对。

我们首先回答充分有效的保护法益本身是否构成适用刑法的正当性根据。笔者本人认为答案是否定的。如德国刑法学者韦塞尔斯所论，人类社会的发展经验表明，刑法存在的正当性，在于它对于保障社会团体和睦昌盛的共同生活有着无可争议的必要性。刑法根植于法制共同体的社会伦理上的价值观念之中；这些观念是法益、法律规范和犯罪构成要件的确立基础。❶ 任何社会若想长期、有序生存，其成员必须在基本的是非问题上有共识，这样的共识反映在法律上就是作为法律之根基的伦理性。国家可以制定和推行法律，但这并不意味着国家法律是天然合理的。法律的合理性和生命力取决于它确认的是什么样的价值观以及加以推行的方式。英国学者德弗

❶ ［德］约翰内斯·韦塞尔斯：《德国刑法总论》，李昌珂译，法律出版社 2008 年版，第 4—6 页。

林曾经指出：一个社会不仅是一群人，而且也是一种观念的共同体，一种公共道德对社会的存在有着根本的意义。[1] 作为“罚恶”而非“赏善”的法律，从根基上讲，刑法对罪与恶的评价应尽量统一，否则会削弱国家刑罚权的公信力。当然，考虑到刑法的最后手段性，并非所有“恶”都会成为刑法制裁对象的“罪”，只有在保护法益侵害而必须启动的基础上刑法才可以启动。法益保护只构成刑法适用的限制性原则，而非正当化根据。这意味着无论立法还是司法活动中，当需要确定以刑法制裁相关行为的界限时，不仅考察法益自身的情况，其行为的反伦理性也应在斟酌之列[2]。

其次，如何判断其他较温和制裁手段不足以充分有效保护法益。以下因素应该被考虑。其一，法益的性质和状态。刑法保护的法益应该是重大法益，包括法益自身性质重要和法益现实的量化状态重大。其二，侵害法益的方式。以严重背离社会生活中由历史形成的社会伦理秩序的方式侵害法益的，结合其侵害法益之性质也应作为考虑是否以刑法来保护法益的因素。事实上，即使撇开法益侵害方式不言，国家构架下的社会共同体要求维护它的基本价值和保障它团体内部法制安定的利益，往往还只能是通过法律秩序对一些具有社会危害性的举止方式用刑罚予以禁止的途径，才能够得到满足。[3] 这些都意味着即使受害法益可以得到救济，也有适用刑法的空间，而非一概排斥刑法的介入。不能以法益可以得到救济或者具有救济之可能而当然地推导出其他手段已足够保护法益的结论。

最后还有一个重要事实需要提醒，即作为可能替代刑罚的其他法领域的管制或制裁，并非因其取代了刑法的适用就有百利而无一

---

[1] ［美］戈尔丁：《法律哲学》，齐海滨译，三联书店1987年版，第52页。

[2] 当然，刑法中的法定犯往往不具有典型意义上“恶”的性质，但至少应为“非善”。

[3] ［德］约翰内斯·韦塞尔斯：《德国刑法总论》，李昌珂译，法律出版社2008年版，第4页。

害。在某些情况下，民事责任也可能会给当事人带来巨大的损失，一些预防法益侵害发生的事前管制措施可能对个人行动的自由施加严重的约束性影响，更具有压迫性，从某种程度来说是对自由的更大威胁[1]。

（二）刑法处罚界限在诈骗犯罪中的贯彻

对于金融诈骗罪和合同诈骗罪而言，不只侵犯了被害人的财产权利，而且破坏了金融管理秩序和市场交易秩序，不仅对于市场交易秩序和金融管理秩序的侵犯不能因行为人对被害人财产损失部分的救济而被抹杀，即使是侵犯财产权利的部分，因其以虚构事实隐瞒真相的欺诈行为侵害法益，而欺诈行为无疑是对社会中基本的交易诚信要求的背离，仅仅弥补财产损害不足以对法益实现充分保护。对于诈骗罪而言，也是同样的道理和结论。因此，诈骗犯罪中处罚界限的设定不应只单一考虑财产损害救济的可能性与否，而应以具体案件中诈骗行为的方法、手段、被害法益重大与否，以及行为人的涉罪行为状况，作为划定处罚界限的基本原则。当然，被害人是否获得救济或有获得救济的可能性也可以成为兼及考察的因素。

三、诈骗犯罪处罚界限具体确定的路径

在具体个案中，罪与非罪界限的划分当然存在于犯罪构成要件的解释和适用中，包括主观和客观方面的要件。本文在此主要讨论诈骗犯罪客观方面的行为构造。因金融诈骗罪和合同诈骗罪是从普通诈骗罪分离而来，与诈骗罪是特别法与普通法的关系，因此金融诈骗罪和合同诈骗罪在诈骗行为的基本构造上是一致的，即行为人

[1] ［美］乔尔·范伯格：《刑法的道德界限：对他人的损害》（第一卷），方泉译，商务印书馆 2013 年版，第 24 页。

实施欺骗行为—对方陷入或者继续维持错误认识—对方基于错误认识而处分财产—行为人取得或者使第三者取得财产—被害人遭受财产损失。从诈骗犯罪构成要件的行为构造中可以看出，被害人的认知和决策是诈骗犯罪成立条件的组成部分。

理论上，有学者根据加害人与被害人之间的互动关系，将犯罪分为三种类型：被迫被害犯罪、缺席被害犯罪和交易被害犯罪。所谓被迫被害犯罪，是指将被害人置于被迫型互动关系中的犯罪，被害人在完全不情愿的情况下直面加害行为。缺席被害犯罪，是指在被害人处于缺席状态时实施的犯罪，被害人是在不在场的情况下受到侵害的。交易被害犯罪，是指与被害人进行面对面或其他各种形式的沟通、交往、交换中实施的犯罪。被害人是在面对面与加害人进行交易的情况下受到侵害，是被害人有机会但没有有效运用自身判断力的情况下“自愿”向加害人交付利益而遭受侵害，是在一定程度上对犯罪侵害的“积极”服从。[1] 诈骗犯罪显然属于这种互动中的犯罪。前文中学者之所以对诈骗犯罪提出严格限制其成立范围的观点，不仅主张有救济就无刑法适用，而且区分生活、交易、投资、投机不同领域限缩诈骗犯罪成立范围，显然与诈骗犯罪这种交易互动中被害的特点有关。鉴于诈骗犯罪的这种特点以及被害人认知和行为选择在犯罪构成中的地位，对诈骗犯罪罪与非罪界限的认定中，必须加入被害人立场的解读。

如此，诈骗犯罪之处罚界限的具体确定，除主观要件和主体要件之外，就是前述因果相联的行为构成之判断了。在判断过程中，行为人所实施的是否是意图引致他人作出财产处分的欺诈行为、被害人是否陷入或维持了错误认识并处分财产、财产损害是否发生是判断的关键。正如我们在前文中所主张的，判断的重心是行为人所实施的侵害法益行为的相关要素，而非侵害行为实施后救济或救济

---

[1] 白建军：《关系犯罪学》（第三版），中国人民大学出版社 2014 年版，第 170—171 页。

可能性的有无，也与诈骗行为发生的领域没有必然联系。换言之，无论生活、交易、投资或者投机领域发生的欺诈行为，说到底都是围绕是否是诈骗行为、被害人是否陷入错误认识并决定处分财产等犯罪构成客观要素来具体判定，以发生领域而类型化的设定成立犯罪的不同标准，未必能在具体案件中合理划分罪与非罪的界限。道理很简单，不同个案中永远具有不同的个性化事实，如同世界上没有两片完全相同的叶子。而这些不同的个性化事实却可能影响甚至左右着具体构成要件要素以至整个案件的定性结论。

以下结合实践中存在疑问的情况分析其中的处罚界限问题。

其一，行为人在交易过程中只实施部分虚构事实或者只就部分事实隐瞒真相能否认定其实施了诈骗？例如，在合同文本中对交易所涉及的标的做了真实记载，但是在具体实物的展示过程中却虚构事实夸大标的物价值的情况。诈骗犯罪中的诈骗行为是表达不真实信息，以使对方在财产处分的相关事项上产生与客观事实不相符的认识。因此，只要被害人基于这样的行为而在事实上陷入错误认识，即使被害人存在过失，也不妨碍诈骗行为的成立。法律评价的是行为人实施了什么性质的行为，其行为是否符合犯罪构成。被害人乃至社会没有容忍并必须辨识诈骗行为的义务，除非行为人的夸张表述符合社会认可的交易习惯。而且，在粗心、草率的被害人和蓄意虚构事实以图取非法占有他人财物的行为人之间，法律需要否定的显然是后者而不是前者。

同时，这里也涉及另一个问题，即诈骗行为是否应该限定为足以使一般人陷入错误的行为？其实这样的要求应该是在犯罪未遂的案件中提出，即行为人实施了诈骗行为，被害人却没有陷入错误认识，在可能处罚未遂的情况下需要考察行为人的诈骗行为是否具有足以使一般人陷入错误的性质。如果在具体案件中被害人因缺乏社会经验或者轻信等原因而在一般人不会受骗的情境中陷入错误认识并处分财产遭受损失的，因被害人的错误及财产损失乃由行为人的诈骗行为所致，因此应成立犯罪。[1]

其二，诈骗行为实施领域中存在制度性的考察机制，因该机制没有正常发挥作用而导致行为人成功地骗取财物的能否成立诈骗行为？例如，编造虚假事实向银行骗取贷款，征地拆迁中虚构可以申请补偿的项目向政府提出申报的情况。对此类情况的处理原理与上一个问题相同，如果诈骗行为导致对方错误认识并因此错误地处分财产而造成财产损害的，应当成立诈骗罪。[2]

其三，行为人实施了诈骗行为，但相对方心存怀疑，没有确定地陷入错误认识的应否成立诈骗犯罪？古玩、艺术品交易中常见此类现象。对此似乎应区别对待。如果行为人虚构确定的事实，但相对方对所表达事实之真实性存有疑虑，在没有确定性认识的情况下处分财产的，不适合按照诈骗犯罪处理，因为被害人没有因行为人的诈骗行为陷入错误认识并处分财产，在处分财产和诈骗行为的中间缺少了被害人陷入错误认识的环节。如果行为人虚构某事实可能为真，如古玩商人对挑拣商品的顾客说，某瓷瓶可能是元代青花瓷真品，并诱惑对方购买的，存在构成诈骗犯罪的空间。因为行为人虚构并导致被害人陷入错误认识的行为指向就是使其相信某事实可能为真，并利用对方投机心理处分财产的行为，而使自己非法占有对方财产，在这种情况下，被害人相信某事实可能为真其实就属于陷入错误认识。

另外，在集资诈骗案件中，如果被害人对于被告人经营模式的

---

[1] 这种观点不意味着法律一味偏袒社会生活或交易中的草率、粗心者。现实中确实存在出于种种原因而易轻信他人的人。例如，美国退休者协会于1996年对745名电话推销诈骗犯罪的老年被害人的调查显示，只有28%的老年被害人单独居住，许多老年被害人都有朋友或家庭成员住在附近，许多老年被害人受到很好的教育，在社区中表现很积极。但他们的共同点在于，比较容易相信陌生人，缺乏对诈骗伎俩的了解。现实社会里即使是从事商业的人士也存在灯下黑的现象。

[2] 近年来，在征地拆迁的相关司法实务中，对于为了多获取补偿款而办理离婚手续、抢种作物等行为，有不少认定诈骗罪的案例。如果只是利用补偿规则的漏洞，向核查机关提供的法律文件或申报的情况在当时为真实者，因缺乏诈骗行为不构成诈骗罪。

本质已有认知，明知其集资方式是以以后加入者的资金来维持运作，到一定时机必然会发生资金断裂无法维持的情况，由于被害人没有陷入错误认识，也不是基于错误认识而处分财产，故不适合认定集资诈骗罪。

至于制作、提供虚假证据、证言，通过骗取法院裁判来非法占有他人财物的，只要数额达到成立犯罪的标准，就应当以诈骗罪定罪处罚。一来，前文中已阐明，对于以严重背离社会伦理秩序的方式侵害法益的行为，不能以被害法益有救济可能性就排斥刑法的适用。更重要的是，此时行为人所侵害的正是可能成为刑罚制裁之替代措施的民事救济法律体制，当然不适合再以民事责任的承担作为替代。

依据本文观点，不必对诈骗犯罪的处罚范围作出比其他侵犯财产犯罪更为严格的限定，似乎对诈骗犯罪的处罚界限选择了比较宽松的立场，没有导向一个更少刑罚适用的结果，但是刑罚的独特力量并不在于其对身陷法网者的强制性影响，而在于对其他人的影响。那种影响是一种极其复杂的影响。它包括强制性因素和恐吓因素：如果我像他那样做，那我也会受到刑罚。但是，它也包括有意识和无意识的道德推行以及习惯形成方面的影响，这些影响比被狭隘理解的威慑这一粗劣念头要深远得多。……除非一个刑法制度被认为是公正的，否则它就不能吸引和保持它最重要的部分——习惯性守法的公民——的尊重。[1]

---

[1] ［美］哈伯特·L. 帕克：《刑事制裁的界限》，梁根林等译，法律出版社2008年版，第69页。

“三权分置”制度改革：地方实践、政策动因及法律回应*

荣振华**

内容摘要：2018 年 12 月 29 日通过农村土地承包法修正案，从法律层面对三权分置政策主张予以回应，但鉴于法律本身具有兼顾普遍性和稳定性特点，现行土地承包法不可能兼顾全国各地三权分置改革政策及其对法律的诉求。基于此，立法者需要在掌握三权分置演进历程的基础上，反思地方立法应如何修订，以回应政策向立法发出的新要约，弥合动态政策与静态法律的龃龉。从宏观上为地方立法设定有关“三权分置”立法的原则，避免土地上附着的公益性经市场化后而“异化”；同时，在“三权分置”法律架构过程中，运用三种清单立法模式来约束和引导相关主体行为；注重其他政策对“三权分置”的影响，并将这种影响内化到“三权分置”的法律

---

* 本文是 2018 年辽宁省社会科学基金课题“新型农业经营主体对农村治理法治建构影响研究”（课题编号：L18BFX014）的阶段性成果。

** 荣振华，大连医科大学副教授，大连海事大学博士后，研究方向：民商法，经济法。

制度当中；为了避免地方立法创新制度与原有法律制度在司法程序中运行不悖，进而引发人们对法律权威误读，在修法过程中，需要对先试先行地区的创新法制开辟特殊审判依据通道。

关键词：“三权分置” 地方实践 土地经营权 权力清单 权利清单

“明确所有权、稳定承包权、放活经营权”的“三权分置”农地承包经营改革制度，是我国农村土地制度历经“私权私营”“公权公营”“公权私营”三个发展阶段后，迎合农村土地经济发展现状所开展的具有渐进性模式的制度创新。这种创新从经济学界主张到政策性文件肯定，发展到国家修订相关法律来固化政策改革成果。2018 年 12 月 29 日，通过了《中华人民共和国农村土地承包法》第二次修正案（以下简称农村土地承包法），此次修正将“三权分置”制度法制化，明确所有权、承包权及经营权的关系及权限的具体内容，使承包农户的权益得到更有效的保障。然而，农村土地承包法作为全国性立法，对“三权分置”的一般性问题进行抽象概括规定，亦不可能将所有政策主张完全吸收到立法层面，更不可能事无巨细地考量各地“三权分置”试点改革的所有经验及政策，基于此，立法者还需要进一步思考，如何引导地方立法，激发地方立法的潜能，以满足多元化农村土地改革[1]的法律制度的诉求。

土地承包改革一直秉持“先试点试验再全面推行、先政策探索后法律规范”的渐进性改革路线，对于政策向法律提出的制度需求，法学工作者不可能将政策话语直接视为法律话语或概念，[2] 当然，也

[1] 广义的农村承包经营土地改革的外延包括耕地、林地、草地、水利用地、养殖水面等在内的整个农业用地承包经营权流转，鉴于耕地是农业用地的主体，涉及国家粮食战略安全，耕地承包经营权流转事关农村改革和发展的全局的考虑，本文主要研究的是耕地的家庭承包经营权的“三权分置”。

[2] 朱广新：《土地承包权与经营权分离的政策意蕴与法制完善》，载《法学》2015 年第 11 期。

不可能将经济学分析逻辑直接套用到法学逻辑。法学工作者需要运用法学思维来回应“三权分置”改革主张。盘点法学学者的文章，我们不难发现，法学学者现有的研究视野主要集体中在以下三方面：一是“三权分置”法理基础分歧与共识的分析；[1] 二是三权之法律性质之论辩；[2] 三是“三权分置”法律内容范围之再创设[3]。这些研究视角更多是关注法律修改的技术性。然而，法律修改不能仅从立法技术视角进行考虑，还要将法律修改纳入整个社会转型与社会制度变迁的角度去考察。[4] 尤其农村土地制度改革，其本身的创新与变革事关农业生产、农民利益、农民社会稳定及国家经济社会发展全局，具有牵一发而动全身之功效。因此，本文从农村“三权分置”个别现象到地方试点实践所做出的探索作为研究的基点，分析“三

---

[1] 陈小君：《我国农村土法律制度变革的思路与框架——十八届三中全会〈决定〉相关内容解读》，载《法学研究》2014年第4期；高圣平：《新型农业经营体系下农地产权结构的法律逻辑》，载《法学研究》2014年第4期；丁文：《论土地承包权与土地承包经营权的分离》，载《中国法学》2015年第3期；蔡立东、姜楠：《承包权与经营权分置的法构造》，载《法学研究》2015年第3期。

[2] “三权分置”中的三权性质，争议点主要集中在土地经营权。有的学者认为土地经营权属于物权，如张力、郑志峰：《推进农村土地承包与经营权再分离的法制构造研究》，载《农业经济问题》2015年第1期；蔡立东、姜楠：《承包权与经营权分置的法构造》，载《法学研究》2015年第3期；李国强：《论农地流转中“三权分置”的法律关系》，载《法律科学》2015年第6期。有的学者认为土地经营权属于债权，如高海：《土地承包经营权入股的法律性质探析》，载《法学论坛》2011年第3期；吴兴国：《承包权与经营权分离框架下债权性流转经营权人权益保护研究》，载《江淮论坛》2014年第5期。还有学者提出权利性质因时而异，土地经营权在入股、出租和转包流转情况下属于债权性质，在转让和互换条件下属于物权性质：张毅、张红、毕宝德：《农地的“三权分置”及改革问题：政策轨变、文本分析与产权重构》，载《中国软科学》2016年第3期。更有学者以土地经营权流转时限来确定土地经营权性质，只有流转时限在5年以上的，才是物权型土地经营权。如陶钟太朗、杨遂全：《农村土地经营权认知与物权塑造——从既有法制到未来立法》，载《南京农业大学学报（社会科学版）》2015年第2期。

[3] 有的学者认为土地承包权主要包括占有权、收益权、继承权和退出权，土地经营权主要包括占有权、使用权、收益权和处分权。陈朝兵：《农村土地“三权分置”：功能作用、权能划分与制度构建》，载《中国人口·资源与环境》2016年第4期。还有的学者以权利性质定内容，土地承包权为成员权，仅具有生存保障的身份权权能，而土地经营权是用益物权，内含用益物权的权能。普金霞：《农村土地三权分离法律思考——基于权能分割和成员权视角》，载《人民论坛》2015年第26期。

[4] 陈金钊：《改革与修法的意义阐释》，载《河南大学学报（社会科学版）》2014年第6期。

权分置”地方实践发展至今无法突破的制度困境，并在此基础上，找寻中央政策动态引导与法律静态回应之间的矛盾，进而提出一个与实践和政策相协调发展的“三权分置”法律发展框架。

一、“三权分置”地方实践之盘点

（一）“三权分置”地方实践轨迹之追寻

早在20世纪90年代，部分农村便有“三权分置”的实践探索，当时农村“三权分离”的形式主要有四种。一是集体—承包户—劳动者耕地代种。这种模式的特征是承包主体从农村集体承包土地，但仅负责生产投入、经营风险和经济效益，至于农作物耕种、田间管理和收割脱粒等工作，转包给代营户来完成，[1] 多发生在劳动力不足的农村家庭中。二是集体—承包户—使用户型。这种模式主要表现在承包土地互换、租赁、转让和转包等形式。而这个阶段的互换、租赁、转让和转包多数发生在同一集体的经济组织成员之间。三是集体—承包户—联营体形式。这种模式下，土地使用权不再属于原承包户而是转归合股的联营实体，承包户获得个人劳动量分配外加土地股息。四是集体—承包户—公司形式。这种模式下，各农户与集体经济组织的承包关系不变，由经济组织以股东身份与公司相联系，将承包户土地交由公司经营，承包户有优先参加公司劳动的权利。如果公司有变化，各户承包地归还，农户从公司获得一定量口粮和每亩稳定收入，同时公司承担管理全部公购粮任务。[2] 虽然这四种模式在运营过程中的确涉及不同的主体，但仔细研磨，只有第二种模式的租赁、转包和转让，以及第四种模式涉及权利分置，而耕地代种

[1] 田则林、余义之、杨世友：《三权分离：农地代营——完善土地承包制、促进土地流转的新途径》，载《中国农村经济》1990年第2期。

[2] 冯玉华、张文方：《论农村土地的“三权分离”》，载《经济纵横》1992年第9期。

主要涉及的是劳务的雇佣，至于互换仅涉及权利客体的交换而已，没有发生权利分置。

由于那个时代的农户主要以耕地为生，农村土地承包者和经营者多数情况下是高度统一的状态，农村土地承包经营权流转以农民自发流转为主，范围多数限于集体组织边界之内，规模极为有限，权利分置只是个别现象，并没有规模化发展。然而，随着城镇化和工业化的快速推进，以及农民非农就业机会增加等诸多社会因素的变迁，家庭承包土地权利分置形式更加多样化，并在多数地区开展多种形式的适度规模经营。这期间，地方政府也在宏观、中观和微观等不同层面对农民土地承包经营权流转经济诉求开始有意识地进行适当的行政引导。

从宏观政策上，地方政府制定相关规范性文件来引导土地承包经营权流转规范化运行，并在"三权分置"制度构建上进行了积极的探索。以安徽省合肥市为例。该市分别在2004年、2008年、2009年和2012年发布相应规范性文件，来引导"三权分置"规范化运营，其中2004年文件中对"土地经营权流转"作了明确规定，2008年文件中明确提出"三权分置"理念。[1] 2012年文件便将"经营权"改称为"经营使用权"。这期间，其他省市也纷纷出台相关文件探索"三权分置"改革方案。例如，2007年重庆市人民政府办公厅出台的《关于加快农村土地流转促进规模经营发展的意见（试行）》中

---

[1] 2004年安徽省合肥市人民政府出台《关于规范农村土地承包和经营权流转的若干意见》，在该意见第2条和第6条规定："坚持农村土地承包关系长期稳定。对二轮承包后的人口变动，原则上不予补地。土地经营权流转就由当事人双方进行协商，签订流转合同，并经村集体经济组织见证。任何个人和组织都不得强迫农民进行土地经营权流转。"2008年8月14日，安徽省合肥市人民政府发布《关于农村土地承包和经营权流转的意见》（合政［2008］93号）明确规定，推进农村土地承包经营权流转，应当坚持在稳定农村土地家庭承包经营制度不变的基础上，鼓励农村集体土地的所有权、承包权、经营权相分离。2012年9月11日，安徽省合肥市城乡统筹办发布《关于进一步加强农村土地承包经营权流转规范管理的意见》，再一次强调，在稳定土地家庭承包经营制度的前提下，实行土地所有权、承包权和经营权相分离，坚持集体所有权，稳定农户承包权，放活经营使用权，逐步扩大农民承包经营权的权能范畴。

规定，“在不改变土地承包关系的前提下，实行土地所有权、承包权和土地使用权分离，创新流转机制，探索有效形式，放活土地使用权。”2009年四川省人民政府办公厅再次发布规范性文件厘清三权的名称及关系。[1] 再如，河南省洛阳市人民政府发布的《关于加强农村土地承包经营权流转工作的意见》中明确规定：“鼓励农村集体地土地的所有权、承包权、经营权相分离，采取转包、转让、出租、互换、入股等形式流转。”从这些规范性文件的表达来看，多数规范性文件中的表达与中央文件基本保持一致，缺少地方特色的表达。对“经营权”的认知比较含糊，仅从形式表达来看，就有“使用权”“经营使用权”“土地使用权”等多种表达存在。[2]

在中观服务上，培育和发展各种类型为土地流转提供服务的中介组织，探索土地承包经营权流转管理和服务机制。例如，2002年慈溪市在全市范围建立土地流转服务中介，便捷的服务不仅解决土地承包经营权流转信息不对称、交易成本过高等弊病，而且还促进了规模经营。再如，山东省滕州市从2006年开始建立农村土地流转市场平台，并从2007年开始，每年列支专项资金用于农村土地流转工作。这些系列改革有力地促进了农村土地流转工作健康运行，并建设和培育了当地规范性土地流转市场。[3] 又如，重庆市2008年确定首批10个城市资源下乡示范项目，采取配套措施支持农村规模种植和养殖，致使全市农村土地规范经营比例达到17%以上。[4] 从中观服务上来看，多数有关土地流转服务中介是在政府的引导下筹建成功。然而，这种行政引导模式在“三权分置”初期会卓有成效，

[1] 2009年四川省人民政府办公厅发布的《关于进一步规范有序进行农村土地承包经营权流转的意见》明确规定：“坚持集体所有权、稳定农户承包权、放活经营使用权。”

[2] 河南省焦作市规范性文件用“使用权”替代“经营权”，重庆市规范性文件用“土地使用权”代替“经营权”，四川省用“经营使用权”代替“经营权”。

[3] 王忠林、韩立民：《滕州市推进农村土地流转的实践及启示》，载《农业经济问题》2009年第2期。

[4] 周靖祥、陆铭：《内地农村土地流转何去何从？——重庆实践的启示》，载《公共管理学报》2011年第4期。

但是，随着“三权分置”规模化发展，这种“家父”情怀的行政引导方式必然会出现政府与市场的博弈。

在微观操作上，多数地方为了便于统一管理，以县乡（镇）政府作为“中介”统筹土地经营权流转。例如，创建“超市+连锁店”模式，积极推行大户承包，促进农业产业化发展；建立土地托管模式，主要由村集体组织或相关机构负责承包经营土地托管，同时由托管的负责任部门代收租金后再转发给农民；有的地方政府还创建租赁倒包模式，主要是农民自愿将土地经营权委托给村集体组织，再由其统一联系其他主体对土地重新投资或者改善生产条件后再承包给农民，并由农民负责田间管理，由其他主体负责技术培训和产品销售；再如，有些地方政府尝试“土地银行”模式，将农民承包经营的土地估价并定期存入土地银行，再由土地银行将农户存入的土地进行适当整合或改造后，贷给其他土地需求者，土地需求者支付土地银行计算的“贷款利息”，银行再把储存价值兑现给农户。[1] 近几年，江苏省泗洪县在当地政府引导下开展土地银行试点，不仅实现适度规模经营，也带动部分农户创业增收；[2] 又如，有些地方政府开拓土地信托模式，农户将土地承包经营权转移给受托人，由受托人对土地负责经营管理，产生的收益归农户所有。2009年，湖南益阳在当地政府主导下开始探索土地信托流转模式，促使家庭承包经营权中的经营权流转，显著增加了农民的收入。[3] 当然，“三权分置”的模式创新不仅上述列举的几种，还有土地承包经营权抵押形式等等。从各地“三权分置”的微观操作形式，我们不难看出，与20世纪90年代的权利萌芽时代相比，“三权分置”的模式有所创

---

[1] 周靖祥、陆铭：《内地农村土地流转何去何从？——重庆实践的启示》，载《公共管理学报》2011年第4期。

[2] 张云：《整合土地+适度规模经营模式——“土地银行”助力农民增收致富》，载http：//www.sq1996.com/2016zt/zglz/jsp/2016/1110/199915.shtml，2017年2月8日访问。

[3] 夏晓柏、彭立：《资本下乡的信托真相：湖南益阳土地流转调查》，载http：//finance.ifeng.com/money/trust/20130531/8092095.shtml，2017年2月8日访问。

新，但这些创新多数是以政府主导为主，而民众则是跟从或观望的态度。

（二）"三权分置"地方实践之评议

上述"三权分置"的地方实践盘活了土地上的承包经营权，创建多种形式的流转方式，同时也促进了家庭承包耕地的流转。据统计，2007年全国家庭承包耕地流转面积约6372万亩，仅占家庭承包耕地总面积的5.2%；到了2014年，全国家庭承包经营耕地面积达到4.03亿亩，比2013年增长18.3%，流转面积占家庭承包经营耕地面积的30.4%。[1] 耕地流转方式仍以转包和出租为主，转包、出租、互换、股份合作、转让流转的比重分别为46.6%、33.1%、5.8%、6.7%和3.0%。[2] 到2015年年底，全国家庭承包耕地流转面积达到4.47亿亩，占整个家庭承包土地总面积的33.3%，流转合同签订率达67.8%，农户承包地规范有序流转的机制初步建立。[3] 截至2016年6月底，全国承包耕地流转面积达到4.6亿亩，超过承包耕地总面积的1/3。[4] 这些客观数据也间接折射出随着土地权利分置实践的拓展，不仅迎合了土地承包经营权资产性的需求，也无形中培育了土地权利分置的市场，进而提高了农民的社会经济生活水平。

同时，我们也看到，"三权分置"使农民个体的理性经济人潜能得以释放。如果说"土地所有权与家庭承包经营权的二元分置"机制产生于农民的"生存危机"而具有生存伦理性，那么，"土地所有权、承包权、经营权的'三权分置'"则是农民经济理性的释放。然而，经济理性并不代表经济秩序。毕竟中国农业制度的转变，不

---

[1] 农业部经管总站体系与信息处：《2014年农村家庭承包耕地流转情况》，载《农村经营管理》2015年第6期。

[2] 农业部经管总站体系与信息处：《2014年农村家庭承包耕地流转情况》，载《农村经营管理》2015年第6期。

[3] 孙洁：《土地流转 农民为何焦虑》，载《中国农村科技》2016年第10期。

[4] 农业部：《全国承包耕地流转比例已超过三分之一》，载http://www.tdzyw.com/2017/0203/42297.html，2017年2月7日访问。

是按照任何个人意愿来实现的，而是响应潜在经济力量所做出的自发演进。[1] 从上述“三权分置”的地方实践我们不难看出，这个制度正由个别现象向自发演进秩序行进，并已经开始向正式制度发出要约。然而，这个要约仅是政策层面的回应及地方政府个别行政措施的采取，不足以成为完全推动“三权分置”实践之动力。基于政策本身的灵活性，加之人们解读的随意性，[2] 我国及时修订了农村土地承包法，将三权分置法制化。但是农村土地承包法仅是对三权分置进行宏观回应，因三权分置实践而产生的衍生法律问题，仍停留在“无法可依”的状态。例如，土地银行、土地信托、农业大户、家庭农场等“新生经济力量”属于怎样的法律主体，规范这些主体的具体操作性法律制度内容等仍处于缺位状态。再如，土地经营权融资担保的具体操作办法的细化规定，仍处于赋权国务院相关部门制定的状态。虽然有些地方出台相关规范性文件来调整法律没有规范的盲区问题，但规范性文件并不是法律，进而使地方土地改革的先驱者的“创新改革”如履薄冰。同时，我们还要深刻地意识到，农村土地改革是农村经济基础性改革，其涉及的利益主体多且经济影响面较大，虽然多数地方政策是因循中央政策并在地方充分试点改革的基础上形成的，然而有一点我们不能忽略，地方政策生成路径毕竟没有地方法规程序严谨，很可能陷入经济强势的操纵之下，尤其这种充满利益空间的土地基础改革政策出现主动或被动被“俘

---

[1] 林毅夫：《中国农业家庭责任制改革的理论与经验研究》，载《制度、技术与中国农业发展》，上海人民出版社1994年版，第44—75页。

[2] 对于“三权分置”政策主张中的承包权的性质，陈锡文将承包权界定为物权，认为承包权作为物权仍不能抵押。参见冯华、陈仁泽：《农村土制度改革，底线不能突破（权威访谈·学习贯彻十八届三中全会精神）——专访中央农村工作领导小组副组长、办公室主任陈锡文》，载《人民日报》2013年12月5日，第2版；而在2014年1月22日，陈锡文在接受法制日报记者采访时，又将承包权界定为成员权。参见陈锡文：《农民住房财产权是否包括宅基地合用权需探讨》，载 http：//news. ifeng. com/mainland/detail_2014_01/22/33242951_0. shtml，2017年2月9日访问。

获”的现象，进而陷入利益集团的“购买”陷阱。[1] 这一点，也是“三权分置”地方实践和试点改革过程中不可忽视的一个问题。

二、“三权分置”中央政策动态调整与相应法律静态回应之抵牾

（一）“三权分置”中央政策动态调整

地方土地改革实践毕竟是根据地方土地经济发展需求而局部自发行为，这种自发行为不可避免地受地方经济发展区域目标所限制，忽视国家层面对土地的宏观发展目标。因而，国家层面也不断出台相应政策对地方“三权分置”的经验与逻辑进行反思总结与相应引导。

很多学者认为，“三权分置”的中央政策是从 2014 年的中央一号文件为发端点，其实并不然，农村土地承包制度是农村经济发展的基础性制度，而中央文件又是全国社会经济发展的风向标，为此，中央文件不可能在没有充分的地方实践基础上，随意推行某种经济政策。对于农地流转过程中，承包权与经营权分离的做法，我们从中央文件政策演变轨迹的梳理中可以看出中央对农村土地承包经营权一直处于“动态调整”过程中。

早在 1984 年的中央一号文件中就有相应的政策引导，即“鼓励土地逐步向种田能手集中，并明确土地承包期一般应在 15 年以上”，1986 年中央一号文件进一步提出不仅鼓励耕地向种田能手集中，而且还要发展适度规模的种植专业户。1987 年中央政治局发布《把农村改革引向深入》，并在该文件再次强调以选择试点的形式探索土地集中经营的经验，有计划地兴办一定规模的家庭农场或者合作农场

---

[1] 肖金明：《为全面法治重构政策与法律关系》，载《中国行政管理》2013 年第 5 期。

以及专业承包。1993年，中共中央、国务院发布的《关于当前农业和农村经济发展的若干政策措施》中将耕地承包期再延长30年不变，再次强调在发包方同意的情况下，以及不改变土地用途的前提下，允许土地的使用权依法有偿转让。1995年，国务院在《国务院批转农业部关于稳定和完善土地承包关系意见的通知》中不仅强化了对前述文件的规定，还提出了对流转方式的探索，例如对承包标的依法转包、转让、互换、入股。就在中央对承包土地流转模式进行探索之际，中国的经济环境也发生了变化，尤其是1997年亚洲金融危机之后，因企业用工缩减，造成农民工大量回流，人地合一的数量再次增强，这期间中央经济对土地政策由推向市场又逆转为加大土地社会保障和劳动就业功能。因此，这个期间的中央政策主要限制农村土地流转，并不提倡企业到农村大规模包地。

从2003年国家决定取消农业税后，农村土地承包经营权又出现了转折性变化，在此之后的每一年的中央一号文件以及相关的农业政策，都在渐进地改善土地承包经营权流转的宏观制度环境的同时，不断开发农村土地承包经营权的市场潜力，并对农村土地承包经营权的流转实践进行回应。例如，2008年中央一号文件强调稳定农村土地承包关系，建立土地承包经营权确权登记颁证制度。随后的中央一号不断强化土地承包经营权确权登记政策，尝试通过权证的确定为将来土地承包经营权流转做铺垫。2014年的中央一号文件，明确地提出"三权分置"理念的同时，准许承包土地的经营权向金融机构抵押融资。这一政策主张在2015年、2016年以至2018年的中央一号文件中不断强化。2016年10月，中共中央办公厅、国务院办公厅印发了《关于完善农村土地所有权承包权经营权分置办法的意见》，再次强调要明确三权内涵、边界及相互关系，逐步建立规范高效的"三权"运行机制。

（二）"三权分置"法律静态回应

相比于政策的动态变化，土地方面的法律似乎一直在固化政策改革的成果，而在默默地做出静态回应。家庭承包经营土地制度在人民公社制度尝试失败，农业经济发展难以为继之时，明确农村土地公权私用，对农民形成正向激励与保障功效，并取得巨大的经济成效，当时的经济政策就是稳定这项制度改革，在承包期限上不断坚定农民对土地的财产信心，为此，法律所要做的是将这个制度选择固化并强化，使之运营法制化。1986 年的《民法》以“静态立法模式”明确了农村承包经营户概念，以及公民和集体的土地承包经营权，但没有涉及该权利的流转。1995 年的《担保法》第 37 条更是以“制度保护”的视角，明确规定耕地不得抵押。而 1998 年的《土地管理法》则是从行政管理视角加强对耕地保护及对土地用途管制，并没有对农村土地流转予以回应，只是规定了土地承包经营权期限为 30 年。也就是说，20 世纪 90 年代的法律对土地承包经营权秉持的立法理念是满足农民生存伦理需求，兑现政府耕者有其田的政治承诺，坚持“农地农民用”，通过稳定农户承包权来延续农地的社会保障功能。

然而，经济需求并不会因法律的僵化而持续不前，20 世纪 90 年代的经济政策在强化农民对农地持有信心的同时，对土地承包经营权的流转也进行探索，但是这种探索在 2002 年颁布农村土地承包法时有所体现，该法对土地承包经营权流转进行了框架性规定，并用 12 个法条以概括与列举并重的形式规定了家庭土地承包经营权流转形式。但是对当时政策分析后我们不难发现，《农村土地承包法》是在增强家庭承包土地的社会保障功能的政策背景下颁布实施的，因此，纵使 2002 年以后土地宏观经济发生变化，但是《农村土地承包法》中对土地承包经营权流转所设计的法律制度却并没有因经济背景变化而有所改变。

农业部在 2004 年颁布的《农村土地承包经营权证管理办法》明确了土地承包经营权证书申请、批准、获取证书及证书更换等行政管理方法，农村土地承包经营权这一法律凭证明晰了土地承包经营权归属状况，同时也顺畅了土地承包经营权流转渠道。[1] 2005年，农业部颁布了《农村土地承包经营权流转管理办法》，明确规定了土地承包经营权流转的原则、当事人权利和流转方式。但是该办法毕竟是行政规章，只能细化农村土地承包经营法关于土地承包经营权流转的规定。同年，最高人民法院出台相应的司法解释，以保障各级法院对有关土地承包经营权流转纠纷的审判工作顺利进行。随后，2008年《物权法》赋予土地承包经营权物权属性，终结了农村土地承包经营权物权性质与债权性质的学理争论，但是对农村土地承包经营权流转的规定采取了谨慎立法态度，并没有对农村土地承包法予以突破。

2017年颁布的《民法总则》也只是对农村土地承包经营权明确了农村集体组织成员的农村土地承包经营权和相关责任承担，也没有对经营权动态流转的问题进行回应。2018年12月修订的《农村土地承包法》将三权分置的政策法制化，并以专节的形式对土地经营权流转方式、原则、合同等相关内容进行相关规定。而这个规定，多数是将中央政策的术语和相关文件的内容进行法律转化。例如，2016年中央发布的《关于完善农村土地所有权承包权经营权分置办法的意见》明确规定，“赋予经营主体更有保障的土地经营权，土地经营权人对流转土地依法享有一定期限内占有、耕作并取得相应收益的权利……经营主体再流转土地经营权或依法规设定抵押，须经承包农户或其委托代理人书面同意，并向农民集体书面备案。”这些政策表达均在2018年修订的《农村土地承包法》中的第33条、第36条、第46条等条款得以回应。

（三）土地政策动态化调整与法律静态化保护之冲突

通过对“三权分置”政策与法律规定演变轨迹梳理，我们不难

[1] 王必伟、王乐：《涉及农村土地承包经营权证行政案件的审理》，载《人民司法》2013年11期。

看出，在2018年修订的土地承包法实施之前，我国在土地方面的改革，一直处于政策追求土地承包经营权权能的剥离与法律固守权能合一状态的矛盾之中。简言之，政策层面已经完成了农村土地集体所有权与承包经营权初次分离的再续造，并将承载在土地承包经营权的社会保障功能剥离出来，使土地经营权以纯财产权的面貌进入市场。而调整土地承包经营权的《农村土地承包法》《物权法》以及《民法总则》等均没有对政策主张做出及时的回应，导致政策术语中的“土地经营权”在一段时间内处于无法可依的局面。虽然，2018年修订的土地承包法结束了“三权分置”无法可依的情形，但是，不容立法者忽视的一点是，我国现行关于土地承包经营的法律一直处于对政策滞后回应的状态。而这种状态总会出现一段时间差，导致政策层面的术语在实践操作中处于无法可依的状态。

2014年政策层面的“土地经营权”和“承包权”在地方如火如荼地实践着，但却是“无法可依”的实践，而这种实践却涉及众多农民的实体权利义务。例如，2014年中央一号文件明确提出，允许承包土地的经营权向金融机构抵押融资。而《担保法》第37条明确规定，一般情况下，禁止耕地等集体所有的土地使用权抵押。《物权法》第133条也排除了家庭承包耕地的抵押权。显然，政策的推行在2018年修订的《农村土地承包法》实施之前，遭遇了法律规定滞后性的阻碍，并在某种程度上导致“三权分置”的政策改革实践与法律规定适用的冲突，而这种冲突在地方政府落实政策时，必然存在“欲推动土地经营权改革又担心政策术语与现行法律抵触的矛盾情绪”[1]。还可能引发在某个时间段内司法裁判“无法可依”的状况。

以土地经营权抵押为例，2014年中央一号文件指出，承包土地的经营权可以向金融机构抵押融资。为了使这一中央政策得以实践，

---

[1] 肖金明：《改革开放三十年中国法治建设十大规律》，载《法学论坛》2008年第5期。

中央又陆续出台系列政策对此政策予以强化。[1] 然而，在2018年修订土地承包法之前，并没有法律对土地经营权抵押做出相应的规定，进而导致现实中可能出现法院无法依据相关法律规定对土地经营权案件定纷止争。然而，法院依法裁判是法院对纠纷解决的“唯一正解”，也是法治的内在需求。

如此分析，政策实施超法律性在一定时间内，可能会带来因法律供应不足而无法裁判的局面。然而，地方还要进行土地经营权改革实践，基于此，就可能出现某些创新性举措。以重庆为例，2011年重庆市出台的《重庆市农村土地承包经权、农村居民房屋及林权抵押融资管理办法（试行）》规定了重庆市范围内的土地承包经营权可以抵押融资。[2] 同时，重庆市高级人民法院发布了《重庆市高级人民法院关于为推进农村金融服务改革创新提供司法保障的意见》（以下简称《重庆高院意见》），在其第9条明确规定，审理涉及土地承包经营权抵押纠纷案件时，当事人依照《重庆市抵押融资办法》设定的抵押权，人民法院应当认定有效。显然，重庆市高级人民法院是为了配合政策的超法律性而发布《重庆高院意见》的，而且重庆市高级人民法院之所以有此类行为，主要考量国务院在2015年8月10日发布的《国务院关于开展农村承包土地的经营权和农民住房财产权抵押贷款试点的指导意见》（以下简称为《指导意见》），在该意见中，国务院明确指出，“试点涉及突破《中华人民共和国物权法》第184条、《中华人民共和国担保法》第37条等相关法律条款，由国务院按程序提请全国人大常委

[1] 《关于金融服务“三农”发展的若干意见》（国办发［2014］17号）、《中国银监会、农业部关于金融支持农业规模化生产和集约化经营的指导意见》（银监发［2014］38号）、《农业部关于推动金融支持和服务现代农业发展的通知》（农财发［2014］93号）、《中央中央、国务院关于加大改革创新力度加快农业现代化建设的若干意见》《关于开展农村承包土地的经营权和农民住房财产权抵押贷款试点的指导意见》。

[2] 在2011年出台的《重庆市农村土地承包经营权、农村居民房屋及林权抵押融资管理办法（试行）》中明确规定，重庆市范围内的借款人可以以自身或者第三人所有的土地承包经营权抵押融资。

会授权，允许试点地区在试点期间暂停执行相关法律条款。”即使存在这样的中央政策依据，本书认为这个做法的正当性还是值得质疑的。尤其在依法治国为国家首要治国方略的当下，每一项改革都要在法律框架下进行，而不能随意而为。特别是土地改革，牵一发而动全身，更需要在法律引导下有序展开。

值得注意的是，《指导意见》运用的是“暂停执行相关法律条款”，而法院审判关涉的是法律的适用而非执行。对于这类问题，最高人民法院与最高人民检察院在2012年1月联合发出的《关于地方人民法院、人民检察院不得制定司法解释性质文件的通知》中已明确规定，地方人民法院、人民检察院一律不得制定在本辖区普遍适用的、涉及具有应用法律问题的“指导意见”等。同时，2015年修正的《立法法》第104条明确规定，最高人民法院、最高人民检察院以外的审判机关和检察机关，不得作出具体应用法律的解释。也就是说，无论是全国人大还是最高人民法院都禁止地方法院出台司法解释性文件。虽然重庆的行为是政策试点，政策试点本身便是一个“摸着石头过河”的尝试过程，然而我们不能忽视的是，法律不同于政策，法律不能采取“摸着石头过河”的方式生成，其反映了变化着的社会现实，是对秩序的总结，具有滞后性和稳定性。[1] 因此，法院裁判必须是依法裁判，需要有法律依据，而这个法律并不是政策，亦不是当地高级人民法院自制的“地方粮票”。如此分析，又使问题回到了原点——政策超法律性与法院裁判依法性的矛盾，而且这个矛盾的存在必然会引发人们对政策实施的犹疑以及对法律权威的质疑。

虽然这类冲突会随着2018年修订的土地承包法实施而消失，但是，在重大改革于法有据的依法治国背景下，如何破解这种土地政策改革与法律滞后的冲突问题，能够使试点改革在法治的环境下顺利开展，减少因阶段性法律制度缺失而营造出的某些寻租空间。同

---

[1] 刘作翔：《论法律的作用及其局限性》，载《法制与社会发展》1996年第2期。

时，也使公共政策与法律协调统一、相辅相成地作用于公共生活和经济社会发展。[1] 这是当下立法者亟须思考的问题之一。

（四）政策追求农村承包地确权的确定性与法律规定模糊性的矛盾

如前述分析，中央“三权分置”政策的核心是将农地市场效用层面的功能得以释放，放活土地经营权，进而满足农民生存保障和追求发展的需要，释放土地红利。[2] 而土地经营权流转这一制度创新的基本前提是一块土地必须有明确的权属和边界。[3] 为此，2008年中央一号文件强调建立土地承包经营权确权登记颁证制度，随后每年中央一号文件都在不断强化确权登记颁证制度的实施，由个别试点扩大到全国多数省份进行试点改革。2017年中央一号文件再次强调“落实三权分权办法，加快推进农村承包地确权登记颁证，扩大整省试点范围”。行文至此，我们不难发现，中央政策追求的是土地承包地权利的确定性。

然而，涉及土地承包地权利确定的法律规定却停留在模糊性层面。法律模糊性主要表现为两方面。一是申请家庭承包经营权证书主体模糊。到目前为止，能作为土地承包经营权颁证依据的，只有2004年农业部出台的《农村土地承包经营权证管理办法》，该办法规定家庭承包的土地承包经营权证书的申请主体为发包方，按照2018年修订的《土地承包法》第13条规定，发包方为农村集体经济组织、村民委员会、村民小组，而且没有相关法律进一步明确三个主体的法律地位、法律职能及法律责任，致使土地权属证书在申

[1] 肖金明：《为全面法治重构政策与法律关系》，载《中国行政管理》2013年第5期。

[2] 郑志峰：《当前我国农村土地承包权与经营权再分离的法制框架创新研究——以2014年中央一号文件为指导》，载《求实》2014年第10期。

[3] 陈明、武小龙、刘祖云：《权属意识、地方性知识与土地确权实践——贵州省丘陵山区农村土地承包经营权确权的实证研究》，载《农业经济问题》2014年第2期。

请起点就出现了申请主体错乱的局面，起点的不明确必然就要产生操作过程混乱，进而产生实践中有证无地、有地无证或地证不符的情况。[1] 二是家庭承包方主体资格确定制度不明确。按照2018年修订的《农村土地承包法》第16条规定，家庭承包的承包方是本集体经济组织的农户；按照《物权法》规定，则是“土地承包经营权人”，按照《民法总则》规定，则是农村承包经营户和农村集体经济组织的成员。三个法采取了不同的表达方式，而且指向的资格对象也不统一，显然无法对接。至于《物权法》的表达，只能称其为法律技术纯熟和如何更能体现法律专业性的探索而已，使本需要简单表达的概念更加抽象化，最终到实践应用中，我们还是要弄清楚承包方是谁，才能够以主体为起点开展相关工作。相比之下，《农村土地承包法》的表达更为贴近生活。然而何谓农户？法律亦没有给予明确的解释。理论对其认知表达为，农户是农村中以血缘和婚姻关系为基础组成的农村最基层的社会单位。[2] 而血缘和婚姻因生死和婚姻变动而处于自然动态调整中，因此，实践对农户的操作则是多种形式，有的以静态户籍记录这一形式要件为考量标准。[3] 有些地方还将是否在集体组织所在地生产、生活并依法登记常住户口，以及在该集体经济组织以外是否享有其他基本社会福利保障为判断依据。[4] 可见法律的不确定性，使土地承包经营权确权这一复杂工作变得更加混乱，以至于确权工作被比喻为“捅马蜂窝”。[5]

---

[1] 胡晓涛：《农村土地承包经营权确权登记面临的困境与对策》，载《南都学坛》2014年第6期。

[2] 肖立梅：《我国农村土地家庭承包经营权的权利主体探究》，载《法学杂志》2012年第4期。

[3] 邓海峰、王希扬：《户籍制度对土地承包经营权流转的制约与完善》，载《中国人口·资源与环境》2010年第7期。

[4] 何虹、许玲：《农村土地承包经营权确权登记制度的法律完善——基于苏南农村视角》，载《农村经济》2013年第6期。

[5] 李倩：《确权这个“马蜂窝”，该不该捅?》，载《中国国土资源报》2015年8月4日，第003版。

三、“三权分置”法律架构之反思

从上述地方“三权分置”实践的分析，我们已经梳理出地方实践已经发展到要求宏观立法架构配置的程度，同时，我们也能从中央政策的表述中看到国家层面也在积极地推行国家相关立法的修订或制定工作。虽然2018年12月29日，我们国家通过了《农村土地承包法》修正案并于2019年实施，但是，土地承包在我国发展具有37年的历史，土地承包的地方实践错综复杂，非一部农村土地承包法修订就能够厘清纷繁复杂的土地法律关系。当然，土地承包法的立法者也意识到这一点，在土地承包法的第12条、第45条和第46条等条款将土地承包经营合同管理、土地经营权风险防范制度、土地经营权融资担保办法等赋权于相关部门和地方政府，以尝试以地方立法的创新性补充国家层面法律概然性表达的不足。结合上述分析，国家层面的立法至少应从四个方面进行配置，才能够消除“三权分置”地方实践的弊端，并且消除中央政策动态性与法律静态性之抵牾，进而达到解放家庭承包土地生产力，使之发挥其应有的经济效能。

（一）对地方立法规定立法原则，弥合政策与法律之间时间差而引发的矛盾

我们国家已经开始修订农村土地承包法等法律，为农村土地承包相关改革构建法律制度，农村土地承包法在构建“三权分置”制度时，需要设置地方立法引导原则。诚然，我们国家在2015年修订《立法法》时已经对地方立法权限予以明确规定，但是这种权限的设置是宏观的且不具有针对性。毕竟土地法律制度的构建直接关涉土地经济发展状况，而且我国土地经济发展具有很大的区域差异性与特殊性，并呈现出极不均衡的发展态势，面对这种不同的地方需求，最好的方式是发挥地方立法权的针对性和灵活性，才能因地制宜地

进行立法。因而，在2018年修订的农村土地承包法实施之后，首先需要考量的因素是如何为地方立法设定引导原则，以盘活地方立法权，使其能够创新性立法，弥合国家政策与法律之间因时间差而产生的“无法可依”的阶段性冲突，同时又能够在不与上位法抵触的情况下，体现地方土地承包经营改革的特色，满足地方土地承包经营改革对立法的需求，避免地方立法权扩容的设区城市，因立法经验欠缺而不知如何因地制宜地运用立法引导当地农村土地经济改革，防止工业集团经济俘虏地方立法机关，进而使集团经济利益通过地方立法“合法化”，进而侵害农村土地上附属的公共利益。

那么，什么样的立法原则能够达致上述目标？我们从上述中央政策演变轨迹中不难看出，中央一方面要求放活土地经营权，“鼓励和引导城市工商资本到农村发展适合企业化经营的种养业”；另一方面又对工商企业经营农业的风险有所顾忌，“探索建立严格的工商企业租赁农户耕地（林地、草原）准入和监管制度”。这一点我们也可以在2018年修订的农村土地承包法第45条规定中管窥一斑，即：“县级以上地方人民政府应当建立工商企业等社会资本通过流转取得土地经营权的资格审查、项目审核和风险防范制度”。地方立法要想达致国家政策与法律的趋利避害的制度效应，在设定土地立法原则时表述为，地方立法可以根据本地土地经济发展需求进行立法，但涉及土地附着公共利益的除外。如此规定，既对《立法法》第8条“法律保留”原则的基本经济制度进行限缩解释，又避免地方立法的恣意性或避免被地方利益集团俘虏，而使国家或集体利益“合法”受损。最重要的一点是，充分发挥地方立法的能动性，减少政策先行与法律滞后的时间差，使地方立法在某种程度上不仅为具体创新改革提供法治保障，而且具有一定的引导作用。

（二）对《立法法》第13条进行扩张解释以满足土地改革过程中地方法院裁判对法律的需求

因“三权分置”对制度需求而出台的地方规范性文件是“三权

分置”国家层面法律制度构建过程中不可或缺的“源头活水”，然而，这个储备性立法资源却很难走到法院裁判领域。这一方面是司法审判机制的原因，法官们更多关注的是地方立法是否与上位法相一致；另一方面是因地方立法缺乏可操作性，多数地方立法的内容，以行政服务为目的而非司法实践。[1] 但是对于地方规范性文件创新性制度，如果不能够在司法裁判中得以运用，则不符合法律存在之完整性。诚如法学家卢埃林所言，法不是停留在书本上的官方律令，其应该存在于人们实际生活之中，特别是存在于法官的审判活动中。[2] 然而，从前述《重庆市高院意见》这一实例，我们可以看出法院对待地方规范性文件的无奈与“被迫创新”的勇气：一方面上位法已明确土地承包经营权禁止抵押，一方面作为政策试点改革的重庆出台相关规范性文件允许土地承包经营权抵押，另一方面又因土地承包经营权抵押的纠纷又需要法院定纷止争。法院如果仅依据上位法裁判，显然地方规范性文件的创新制度便止步于人们的质疑声中；法院如果不依据上位法裁判，又存在违法适用规则的嫌疑。为了避免再次出现改革“逼迫”法院出台内部审判司法解释性质文件，来自制审判规则。对此，我们可以对《立法法》第13条规定进行扩张解释，全国人民代表大会及其常务委员会可以根据改革发展的需要，不仅决定就行政管理等领域的特定事项授权在一定期限内在部分地方暂时调整或者暂时停止适用法律的部分规定，还允许法院不适用上位法的规定，而适用试点地区创新性地方立法制度。当然，更符合法律思维的做法就是修订《立法法》，在法律层面对试点地区的立法及法律适用的权限进一步明确。

---

[1] 胡敏洁：《行政审判中的地方立法——逡巡于“不予适用”与“适用”之间》，载张仁善主编：《南京大学法律评论（2013年秋季卷）》，法律出版社2013年版。

[2] ［美］卢埃林：《荆棘丛：关于法律与法学院的经典演讲》，明辉译，北京大学出版社2017年版，第5页。

（三）地方立法采取清单模式明确相关“三权分置”所涉各主体的权力和权利

从“三权分置”地方实践的盘点中，我们不难发现，现行的“三权分置”已经脱离了农民个体主导的萌芽阶段，走向政府主导的规模发展阶段。然而这种模式，并不是土地“三权分置”追求的最终模式。如前所述，“三权分置”的目的是激发市场主体的活力，盘活土地经济活力。而政府毕竟承担着公共管理职能，当下政府既扮演裁判员又在某种程度上承担运动员角色的运作模式并不是土地改革所要追求的结果，亦与当前我国政府“减政放权、管放结合、优化服务”的行政理念不符。基于此，我们在地方立法配置时，应采取清单模式厘清政府权限。但是，这个清单模式不同于对公司领域还权于市场化的模式，毕竟农村土地制度属于“半市场化”经济基础制度，为此，涉及“三权分置”的减政放权不是彻底地将现有的利益格局完全打破，而是要按照农村土地经济社会发展的规律对政府、市场、社会的权力边界进行重新划分。

首先，运用权力清单模式，引导地方政府将权力定位在“三权分置”行政服务管理层面。土地承包经营权发展至今已有30余年，附着其上的法规及规章为地方政府设置各种权力，这些权力纵横交错且相互勾连，权力边界模糊甚至冲突的现象经常出现。[1] 为此，在“三权分置”改革之际，有必要将原有的行政权力重新清理，进而避免地方政府越俎代庖地运用政府行政权力直接从事设置土地银行或者信托公司等市场行为，同时也减少信息不对称而产生的权力异化空间，有利于社会公众对行政权力的运行行使监督权。

其次，构建和明晰自治组织与村民的权利清单。按照2018年修订的农村土地承包法规定，家庭土地承包的发包方是农村集体经济组织、村民小组或村民委员会，当然，还可能是因土地经营权流转

[1] 林孝文：《地方政府权力清单法律效力研究》，载《政治与法律》2015年第5期。

需求而产生其他中介组织。这些组织既无行政级别、无行政事业编制，也无行政拨款，却承担政府部分职能的中介组织。地方立法需要对这些组织权利清单进行明示，使农民清楚这些组织具有哪些权利，进而找到保护自身权利的“尚方宝剑”。例如，按照《农村土地承包经营权证管理办法》第7条规定，发包方具有申请土地承包经营权证书的权利。那么，没有取得土地承包经营权证书的农民就可以要求发包方实施这个权利。立法明晰相关组织的权利，使农民能够在权利受损时清楚其应该向哪一方主体表达诉求，以便该主体能够解决自己权益受损问题。至于村民的权利清单，主要目的是让村民明晰自己手中究竟有哪些法定权利。在此需要注意一点，在构建农民权利的立法语言时应以通俗化为主并兼顾专业化，毕竟法律的生命在于运用。诚如土地承包经营权创设之初，政府的政策语言表达便是“交够国家的，留足集体的，剩下全是自己的”，分配方法简单，责任明确，利益直接，为广大农民所接受并易贯彻执行。[1] 这也是土地承包经营权取得巨大的经济成效的因素之一。当然，上述经济表达不能完全移植到法律条文中，但是，至少立法语言应该是简单且没有任何修饰的作品，而不是需要民众反复揣摩还不明所以地追求专业性的纯技术术语。

最后，架构工商企业介入农村土地承包经营权负面清单。负面清单发端于外商投资的准入经济管理领域，其体现的是“法无禁止即自由”的法律理念。通过负面清单使以往政府和市场关系在资源配置过程中有所变化，由政府起主导作用而市场起基础性作用改变为政府担任主导作用而市场发挥决定性作用。将此理念运用到“三权分置”领域，在放活土地经营权的过程中，不免要引入工商企业介入农村。如前述地方实践的分析，土地银行、土地信托和土地抵押等加速土地进入市场化运作模式的同时，也要防止“圈地运动”

[1] 武力：《中华人民共和国经济史》（上册），中国经济出版社1999年版，第12页。

“非食化”“非农化”以及政府被经济利益集体俘获等情形发生。[1]为此，国家立法可以参考在外贸投资企业准入的负面清单立法经验，采取允许、鼓励、扶持等分类规范的方式设置负面清单管理模式，做到“既不能因噎废食，也不能竭泽而渔”。

（四）地方立法应明确与“三权分置”有关的主体，并注重与相关政策的联动

如前述分析，中央政策为了明确权利主体的权利范围，进而更好地放活土地经营权，采取土地承包经营权确权的方式来助力“三权分置”的改革。然而，法律对土地承包权申请主体及承包方的模糊规定，致使确权工作变得更加复杂。针对申请家庭承包经营权发包方规定模糊性问题，我们完全可以从合同相对性归责视角逆向思维，更容易明晰申请主体，签订家庭土地承包经营合同的发包方是哪一个主体，就由哪一个主体作为家庭土地承包经营权的申请人，同时，为了避免发包方不积极主动申请，可以在法律层面，将发包方申请这一行为设为“权利义务”综合体，就像劳动权和教育权一样既是权利又是义务，并在法律上规定当发包方主观上怠于申请，致使承包方相关权益受损时，应承担相应的民事或行政责任。以明晰的法律责任敦促发包方履行义务，促进土地承包经营权确权登记顺利开展。

至于现行法律对承包方规定模糊的破解之道，则因需要考量并权衡多方面国家政策。如前面分析，多个法律有不同的表达方式，但最终也没有明确的、具有可操作性的解释，实务中又存在不同的操作模式，主要以《农村土地承包法》的“农户”为判断标准。农户在农村实践部门来看就是农业户籍，然而，随着这几年户籍政策和法规的变动，也使“农户”这种表达失去了现实基础。2014 年 7

---

[1] 杨帆、曾雄旺、张哲昊：《工商资本投资农业背景下农民利益提升策略——以湖南省为例》，载《经济师》2016 年第 10 期。

月25日国务院颁布《关于进一步推进户籍制度改革的意见》，宣告中国实行了半个多世纪的“农业”和“非农业”二元户籍管理模式将退出历史舞台。[1] 随后，2016年1月1日《居住证暂行条例》施行；2016年2月，国务院印发《关于深入推进新型城镇化建设的若干意见》；同年9月印发《推动1亿非户籍人口在城市落户方案》。这些法规和政策的推进，使居住证制度在部分省市开始落实。此时，我们再从立法上谈“农户”这个词汇，似乎与现行政策不太契合，而且以户籍衡量农户与非农户的现实基础也会随着户籍改革的推广而不复存在。

那么，承包方应如何确立呢？依据居住证确立还是像前述苏南某些地方采取动态考核方式确立抑或其他？本书认为以制度实施渐进性和内在关联性为出发点，结合户籍改革中提出的“现阶段，不得以退出土地承包经营权、宅基地使用权、集体收益分配权作为农民进城落户的条件”这一政策要求，以及2018年修订的土地承包法第27条的规定，地方立法机关在修订农村土地承包地方法律制度时，仍以户籍作为确定承包权取得的基础，只不过外加上两个动态考量因素：居住地或以农民为职业。这种衡量标准，一方面是权衡原有农民因国家改革开放城市与农村剪刀差而付出的代际利益，另一方面还要考量从事农民这个职业的新生力量的积极性和创造力。

四、小结

农村土地“三权分置”所涉及的改革还会因土地经济发展而不断演进，中央和地方政府也会因此出台更多的政策和规范性文件进

[1] 杨仁浩、王金：《农民工市民化的制度性问题研究》，载《湖北社会科学》2016年第10期。

行回应与引导，相关改革也不会因为国家宏观立法的滞后性而止步不前。但有一点我们不得不正视，相关立法的缺位的确在一定程度上阻却“三权分置”制度快速发展的步伐。虽然，我们可以采取《指导意见》的方式，使某些有碍于政策实施的法律制度在特殊地域“暂停执行”，但这种突破《立法法》规定的程序所采取的非正常行政干预模式，在当下依法治国的理念下，还是应回归法律既设程序，将之作为依法治国之根本表达。虽然，我们无法改变类似于土地改革这种经济性法律生成程序：地方实践—中央政策—法律跟进，但是，我们的地方立法则需要跟进的速度更快些，以减少政策与现有法律之间明显抵牾存在的时间差，进而减轻人们对法律权威的误解，也减轻法律适用部门不必要的尴尬。

【比较法视野】

欧盟金融风险防控经济法治研究观点综述

任 际[*] 陈体贵[**]

内容摘要：自2008年经济危机以来，欧盟地区因其独特的政治形态和经济环境，防控金融风险问题具有自身的特殊性。西方学者对如何防控金融风险，从经济法治的角度开展了多视角研究，核心内容集中于金融风险防控的法治理念、制度协调和法治的功能等方面。展示和分析欧盟关于金融风险防控经济法治理论成果，对于促进国家、市场和法治的关系的法律协调，明确金融纠纷统一的裁判标准、金融市场规制立法选择及保护金融消费者权益具有重要意义。

关键词：金融风险理念变革制度协调制度化

一、研究的背景

十年前的全球经济危机，使欧盟经济遭受重创，如何防控金融

* 任际，辽宁大学法学院教授，博士研究生导师，研究方向：经济法。

** 陈体贵，辽宁大学法学院博士研究生，研究方向：经济法。

市场产生的风险成了一个亟待解决的严肃课题。学者依据欧洲长久以来形成的法治传统，开始从风险防控角度思考和研究防控金融风险及危机的法律制度理论。经过对此次危机的全面分析，欧盟及其成员国都强调政府应该对金融市场实行有形的监管，认为放下监管这只有形之手，社会组织的发展会在个人、国家和社会经济三个层面遭受冲击。随着经济区域化、全球化的发展，经济活动突破了国家边界，使得一些国家更易遭受到跨国经济活动的危害，叠加性因素导致的金融危机放大了风险和危机的破坏力。从这次经济危机对欧盟造成的影响来看，经济发展水平和法治水平相匹配的国家受到的影响较小。欧盟这十年的金融风险防控经验表明，依法监管金融市场的各种危险行为，法律比内部规则在防控经济风险及管理社会事务方面更有效。

欧盟主流的观点主张，国家和市场是互嵌式关系，市场发展到一定程度会给国家经济发展带来新的风险和危机，而法律是国家和市场关系的调节器，金融市场的良好运行离不开法治的保障。金融风险防控给欧盟国家的法院裁判带来了新的挑战，欧盟各成员国法院对此作出了变通和应对，甚至由此促进了欧盟成员国的法治改革，促进了欧盟地区的法治协调。在国家层面的具体应对策略方面，根据这次经济危机产生的根源，欧盟成员国主要是针对金融市场推出相应的改革事项。从宏观层面提出规范金融竞争、规范金融创新和加强金融规制；从微观层面，立法机关出台保护金融消费者和金融代理的具体规范，出台金融市场稳定法案、银行间市场的刺激措施及法人流动资产改革法案（ULSG），甚至成立国有性质金融市场投资股份有限公司对金融市场起到更好的示范效应。这些都与以往西方学者主张的自由主义市场经济的观点相比发生了巨变，从理论到实践中都更加重视经济法治和强调国家对市场的适度干预。

二、金融风险防控中观念的转变

（一）区域法与国内法的关系

在欧盟体制下，各成员国不仅要考虑处理好国家间的关系，还要维护好欧盟统一市场的秩序，这是西方学者研究欧盟经济发展问题的出发点。但主权国家关注于内部的问题，而市场主要关注外部的问题，故国家主权和自治问题不可能依赖设置国际性机构来处理。在经济全球化时期，金融市场和国家已经相互嵌入并且相互影响，市场和国家的矛盾演变为国家维护其主权与自由市场削减国家对其边界控制力之间的矛盾。正如有学者指出："现代社会处在不断变化中，社会的法制体系应该不断反映出国家市场体系的变化。"❶（Colombatto E. etc.，1997）加上欧盟市场与国际市场体系的重叠性，欧盟金融市场更容易受到经济风险的威胁，这就对社会法制体系和国家市场体系的关系提出了挑战。国家可以通过加入国际条约或在多方共同感兴趣的事务上通过软法手段（如构建解决事务框架）来实现对国际市场的主动权，或者通过共同倡议来应对金融风险挑战，实现信息共享和加强合作；跨国经济犯罪问题也可以通过一系列安排在国际范围内加以解决。

现代国家的经济发展离不开金融市场的发展，但这也使欧盟这种区域性组织更容易受到系统性金融风险的冲击，为了应对市场区域化及全球化产生的潜在金融风险和危机，西方学者对此提出两个努力的方向："一是要共同致力于预防欧盟及其成员国的金融系统被滥用，二是针对法治能力不足的国家打造统一的市场环境。"❷

---

❶ Colombatto, E. and Macey, J. R. Gieger, J. Higgins, R. Gieger, J. (1997), "*The case for harmonisation of securities*", Columbia Business Law Review, Vol. 241, pp. 299 – 307.

❷ Gieger, J. (1997), "*The case for harmonisation of securities*", Columbia Business Law Review, Vol. 241, pp. 299 – 307.

（Gieger J.，1997）对此，有人认为只有符合欧盟市场必备条件和能力的国家才能加入欧盟。事实上，大多数国家在加入欧盟金融监管体系前会事先留意经济环境的不确定性因素，并建立起必需的监管环境，以便能快速融入欧盟市场，进而主动从欧盟及全球市场中获得利益。但一些国家签署进入欧盟金融监管体系的初衷过于简单，他们仅以无成本获得好处作为加入前提，这实际上不利于欧盟金融市场持续发展。有学者就主张："这就需要不同的国家在应对金融风险方面形成合作关系，同时需要在法院裁判方面形成统一的对等待遇。"[1]（Amatong E. L. B.，2004）最终的目的是实现欧盟金融风险防控制度化，而不是让那些法治水平能力不足的国家退出欧盟市场。

（二）国家与市场的关系

自2008年经济危机以来，一些西方学者对国家和市场的关系认识发生了改变，以往他们认为国家和市场是不同的两极，国家只需做好"守夜人"的角色，任由市场自由发展即可，即使再进一步，市场最多也只是国家的一个小平面，二者互不兼容。现在他们开始主张市场需要自由，而国家也应坚持对市场的有效监管。这次经济危机实质是一场金融危机。为了消除危机的消极影响和预防类似危机的发生，很多学者提出了防控金融风险的法律制度理论，主要是加强国家对金融市场的适度干预，同时注重区域法律协调和保护金融消费者权益，以预防和应对金融危机对欧盟国家的冲击。他们认为国家在市场经济发展过程中不能做一个旁观者，应该做一个自由市场的坚定支持者和监管者，国家应该对金融市场进行有效监管，而不能退出监管的底线。有学者提出："欧盟有的国家成立国有性质

---

[1] Amatong，E. L. B.（2004），"*Regulatory equivalence and the U. S. E. U financial services dialogue*"，International Finance Seminar Paper，pp. 4－10.

的金融投资股份有限公司，直接对金融市场进行调控和干预。”[1]（Susanne Kalss，2010）在这种国有性质的金融投资公司中，除了要遵守公司法和股份公司法的规定外，这种公司的职责由法律明确规定，一般都是由财政部长授权公司的业务范围。这类公司须对中央政府负责，不得进行法律规定以外的任何经营活动，这些都表明对金融市场的适度干预已成为欧盟及其成员国的主流观点。

（三）金融风险防控的法制化

如今全球金融市场正遭遇到空前的挑战，法治应该处在市场的中心位置并确保市场正常运行。欧盟及其他地区都发生了不同程度的金融风险，国家和市场需要共同发挥作用，国家既要主动适应市场变化，也要和市场保持适当距离。同时，国家和市场都需要法律作为平衡器来确保二者按照规则运行。有学者认为：“经济法治的制度化要求人们有高度的正义感，法治水平最终归结于社会个体的道德高度。”[2]（Weiler J. H. H. ，2003）显然这是一个有争议的观点，但如果没有法律制度的约束，在制度层面没有大多数个体的正义支持，无论多么完美和精巧的制度设计都不可能实现欧盟的经济法治。政府作为市场秩序的干预者，有必要约束其权力以防止其对金融市场过度监管。有学者就明确主张：“自由是欧盟成员国的宪法原则和基础价值，如果自由观念没有深入人心，那么宪法也不能很好地发挥作用，也不能适用于常态的监管。”[3]（Matej Avbelj，2016）在他们看来，自由是个体最高的价值追求，而不是抽象符号，政府须经

---

[1] Susanne Kalss：Measures by the Austrian Regulatory Authorities in Response to the Financial Market Crisis，European Business Organization Law Review 11：527 – 548 527 © 2010 T. M. C. ASSER PRESS.

[2] Weiler J. H. H. ，（2003）In defence of the status quo：Europe's constitutional Sonderweg. In：Weiler J. H. H. ，Wind M（eds）European constitutionalism beyond the state. Cambridge University Press，Cambridge. p. 18.

[3] Matej Avbelj：*Rule of Law and the Economic Crisis in a Pluralist European Union*，*Hague J Rule Law*（2016）8：191 – 203.

授权才能对金融市场采取干预手段、限制有市场风险的交易行为。这不仅仅是约束政府的权力专断，还在于维护个体平等。正如学者指出：“法治社会学的制度化最重要的是依靠制度的保证和承诺。”❶（Hart，1994）所以，为了预防和解决国家干预和防控金融市场风险带来的消极影响，必须避免以下两种情形：一是政府过度干预导致监管反应不够灵敏；二是政府干预在次级金融市场“播下毁灭的种子”，比如德国这样的国家让政客进入银行管理层，这就可能导致政府对金融市场的过度干预。

三、金融风险防控的区域法律协调

金融市场不断创新的商业产品，如信用证、电子货币支付等的使用给国家金融监管带来极大的挑战，有学者认为：“尤其是互联网市场、离岸金融中心和激增的投资工具的粗放增长都增加了金融管理风险。”❷（Caruso D. etc.，2000）这些都给国家相关机构、国家间法律协调和国家间法院裁判带来了极大的挑战，实际上给欧盟防控金融风险造成了现实的障碍，这就需要在欧盟范围内实现法律协调，以达到协同防控金融风险的目的。

（一）软法硬法协调

欧盟市场受到来自电子交流、银行、旅游和金融系统全球化的驱动，这对于繁荣市场经济大有裨益。但有学者认为：“这些工具杠杆也很容易滋生很多金融犯罪行为，加之不同国家的法治碎片化治

❶ Hart HLA（1994）*The concept of law*. OUP，Oxford.

❷ Caruso，D.，Elvin，J.，James，A. and Negreira，S.（2000），“*Trade related money laundering schemes pose increased threats to financial institutions*”，EY Anti－Money Laundering Team，Thompson Financial Publishing，Payment Efficiency and crisis reduction Bulletin，Summer，p. 2.

理的原因，使得现代金融市场的有效监管受到很大的冲击。”[1]（Mugarura N.，2009）有的个人和组织可以通过这些新工具在不同国家之间钻金融监管法律体系的空子，很多学者主张欧盟以往的软法手段对此并不能发挥实质性作用，应该推行软法硬法化或加强软法和硬法的协调，采取强有力的法治手段规范欧盟的金融市场秩序。

一般来说，欧盟硬法主导的是货币政策，软法的基础是经济政策。为了维护欧盟的整体利益，排除政治压力，保持欧盟央行的独立性，《欧盟经济和货币联盟条约》（即EMU）将货币政策的制定权和颁行权分配给欧盟央行。为了应对金融风险及其他市场风险，欧盟加大了硬法与软法的融合，欧盟议会要求国家预算保持平衡或盈余，在《货币政策条约》生效的1年内必须纳入国内法，这是一条不容商榷和不打折扣的黄金规则，这说明欧盟的货币政策已部分进入硬法的领域。

欧盟经济政策的实现大多依赖软法手段，协调宏观经济政策是通过非正式机制如方案、行为守则、建议、准则或最优选择来组织实现的。有学者提出：“这种做法不具有强制约束力，需要结合软法的执法机制来实现其目的。”[2]（Sabine Saurugger etc.，2016）运用软法手段设计出不同的协调监管方式对于连接欧盟成员国形成统一市是有帮助的，这也为欧盟处理金融纠纷设计了统一的原则框架。但软法手段如果不能有效防止金融风险和危机，则其存在的价值就值得怀疑。有学者担忧：“这么多软法手段却不能保证成员国加入欧盟后将会走向何方。”[3]（Amatong，2006）因为成员国间对于促进经济发展和预防金融犯罪等方面的做法大有差异，这就要求必须有强制执行机制来推

---

[1] Mugarura, N. (2009), “*The subdued giant: the predicament of the law in harnessing global markets*”, African Journal of Comparative International Law, Vol. 17 No. 2, p. 533.

[2] Sabine Saurugger, Fabien Terpan: *Do crises lead to policy change?* The multiple streams-framework and the European Union’s economic governance instruments, Policy Sci (2016) 49: 35 – 53.

[3] Amatong, E. L. B. (2006), “*Regulatory equivalence and the U. S. E. U financial services dialogue*”, International Financial Seminar Paper, Harvard Law School, pp. 19 – 20.

行这些软法手段，这意味着金融监管的软法手段须硬法化，以此增强强制力推行金融风险防控的措施。宏观经济政策在欧盟发生了由软法到硬法的变化，同时将硬法引入欧盟经济治理计划中，更加注重金融风险防控的法律协调，欧盟在推进金融监管的软法硬法化方面发挥着积极的作用。但同时也需要构建成员国的金融机构适应欧盟的金融法律体系、裁判原则和判例，实现在金融市场中能够在不同法律体系之间的相互协调和纠纷裁判的相互协调统一。

（二）协调法院审判标准

正如学者描述的那样："区域性市场的合理性在于消除了贸易障碍，吸引外资直接投资，提高了劳动力和货物的过境速度。"[1]（Mugarura N.，2014）所以消除成员国之间的交易障碍和减少国内监管成为加入欧盟的首要条件。但是，它使欧盟金融市场得不到有效的监管。有学者不乐观地指出："全球媒体系统的形成和快速发展的社交科技增加了金融风险和挑战，在审判领域关于金融犯罪的官方界限在不断模糊化。"[2]（McDonald M. F.，1995）特别是欧盟这种具有独特的政治形态和经济环境的国家联盟经济体，需要提高不同国家在金融风险防控方面的法律协调性，为欧盟及其成员国的金融市场健康运行提供有力的司法保障。

英国在这方面的经验受到欧盟的关注，针对不断增加的金融市场风险，英国法院的协调性做法对欧盟金融风险防控的法律协调有着深远的影响。学者认为："英国法院根据自己的实际需求吸收欧盟市场标准进入国内经济裁判中，做到定纷止争的同时将具有代表意

---

[1] Mugarura N.，（2014），"*Has globalisation rendered the state paradigm anachronistic: the notion of border, states and new crime typologies*"，Journal of Financial Crimes，Vol. 21 No. 4，pp. 381－399.

[2] McDonald M. F.，（1995），"*Globalisation of criminology: the new frontier in the frontier*"，Journal of Transnational Crime，pp. 6－7.

义的案子作为判例，成就了法院在处理金融纠纷上有很强大的影响力。”❶（Los M.，2004）有学者进一步指出：“这就意味着法院在国内法没有规定的情况下可以确立内化的金融裁判标准。”❷（Richard S. W.，2008）英国的法院系统随着金融市场变化满足了关于法律协调的要求，以此来应对欧盟及其区域外的金融风险及挑战，这也符合有学者主张的“法院并不创造法律，但经议会授权可以解释法律，这是宪法原则在权力分配中的反映”❸（McDonald M. F.，1995）的观点。法院裁判受社会传统价值和惯例的影响这也是普通法国家的司法传统，英国法院在判例价值、判例原则和遵循欧盟市场标准方面扮演着模范角色，在欧盟层面主张学习英国法院在金融纠纷中吸收、适用相同或者近似的审判标准，力求在欧盟区域内实现关于金融纠纷审判标准的协调，使欧盟的金融风险防控法律主张内化为成员国的裁判标准。

四、金融风险防控的目标

前述措施的推行在欧盟各成员国之间产生的作用各异，关于金融风险防控的法律制度预设的目标功能也呈现出不同的效果。

（一）宪政对金融风险防控目标的基础作用

在推行金融风险防控法律制度的过程中，欧盟及主流成员国的宪政理念是金融风险防控法律制度理论的基石。为了实现欧盟所提倡的宪政功能，他们主张在实践中要提升一些欧盟成员国的宪政水平。哈

---

❶ Los M.，（2004），“*Beyond the law：the virtue reality of post – communist privatization，in governable place*”，Journal of Government and Crime Control，Vol. 4，p. 239，pp. 244 – 245.

❷ Richard S. W.，（2008），“*Legitimacy of the Supreme Court in the context of globalisation*”，Utrecht Law Review，Vol. 4 No. 3，p. 104.

❸ McDonald M. F.，（1995），“*Globalisation of criminology：the new frontier in the frontier*”，Journal of Transnational Crime，pp. 6 – 7.

贝马斯认为葡萄牙政府向宪法法院引进的救市计划实际上产生了分配不公问题，这对实现欧盟社会团结和政治正义来说是违反宪政理念的。实际上，“2013年4月葡萄牙宪法法院通过的政府救市计划，特别是在公共部门和私营部门退休人员之间的不平等待遇方面确实违反了宪法条款”❶。有学者就主张：“政府应该要能够处理经济措施和宪法承诺之间的关系。”❷（Gibbs，2016）葡萄牙的案例在欧盟产生了两个影响：一是推行金融风险防控措施有必要满足宪政要求；二是欧盟要在宪政基础上维护金融市场免受系统性风险的冲击，必须要向成员国提供政治互惠。最近欧盟在防控金融危机中不断在成员国推行宪政主义，强调国家机构（包括宪法法院）必须要参与国家宪法的对话，这被视为欧盟应对金融危机和风险的共同性和基础性话语。

英国在这次危机中受到的冲击最小，同时也是较快恢复经济活力的国家，学者们把这归因于英国自《大宪章》时代起就构建了完整的宪政传统。英国推行的法治—社会—政治三位一体的综合改革，加上基于平等、自由的理念和约束政府干预权力建立起的法治传统，为防控经济危机和金融风险起到了关键性作用。反观波兰、匈牙利和希腊，这三个国家长期缺乏宪政传统，导致它们在这次经济危机中的复苏情况不容乐观，纵观其历史背景发现，“在经济危机中这些国家的法治并没有起到作用，相反带来一股独裁主义之风”❸。（Muller J－W，2014）有学者认为，“只要经济形势稍微有点恶化迹象，这些国家就会倒退到几十年前的旧时光景”❹。（Marczewski，2016）而也有学者认为：“奥地利和意大利从来不是欧盟自由的灯

---

❶ Ruling 187/13（5 April 2013）.

❷ Alun Gibbs：*The Economic Crisis and the Rule of Law in Europe A Hidden Face for the Rule of Law*? Hague J Rule Law（2016）8：323－336.

❸ Muller J－W：（2014）*The people must be extracted from within the people*：*reflections on populism*. Constellations 21（4）：483－493.

❹ Marczewski，Poland's：“*Turn to the Right*：*On the Limits of the* '*Liberal Consensus*'”，Eurozine. com，http：//www. eurozine. com/articles/2016－07－25－marczewski－en. html Accessed 11 September 2016. n. 23.

塔，相反，它们经历了最糟糕的集权统治时期，它们在个人自由和追求个体平等的表现经常有所欠缺，但它们坚定跟随西方的发展。”[1]（Avbelj，2016）所以，奥地利和意大利也有较长时间的近代民主政治传统，它们建立的法治化的行政机构已经培养出了一些行政精英，还建立了议会多数决制度，没有成为独裁主义的牺牲品。虽然奥地利和意大利的经济形势暂时处在挣扎阶段，但学者们认为，在内部建立起宪政基础的国家并不会长期处在经济衰落的泥沼中。

（二）具体目标之规范金融市场

具体到规范金融市场方面，欧盟特别关注金融创新的潜在风险。对于利用互联网和科技进步创新的金融产品，欧盟国家特别重视规范金融创新行为。[2] 规范金融市场的竞争行为和对金融创新产品的监管，是这次经济危机后世界各国统一采取的基本立场。欧盟一直希望自己在几十年中推行的竞争政策会在金融风险防控中发挥作用，从而促进金融市场繁荣和经济发展。传统理论认为，市场竞争和风险成正比关系，即竞争越激烈则市场风险越高。原因在于，经营者面对激烈的竞争可能会采取一些隐蔽的手段获取不正当利益，从而造成实质的不正当竞争导致更高的违约风险，当风险不断积累和扩大就会导致新的危机。当金融市场竞争导致金融市场不稳定时，当局采用的金融监管法律制度及政策也难置身事外。为了规范金融市场秩序，除了限制政府对市场的干预力度外，欧盟在规范金融市场的竞争行为中尤其重视对金融创新行为的规范和监管。很多学者指出：“对于一些金融市场创新行为，在保证市场活力的同时国家也要对此保持适当的注意，特别是金融业和银行业的产品创新行为很有

[1] Matej Avbelj：“*Rule of Law and the Economic Crisis in a Pluralist European Union*”, Hague J Rule Law (2016) 8：191 – 203.

[2] W. S. Frame and L. J. White, “*Empirical Studies of Financial Innovation：Lots of Talk, Little Action*, Federal Reserve Bank of Atlanta Working Paper 12 (2002).

可能会隐藏着极大的风险和危机，这类创新一定要给予适当的规范。”❶（Roman Inderst etc.）广泛受到实务部门和学者们关注的三角代理问题就是研究的一个焦点，他们对此提出：“应该加强零售银行业务的监管，同时应该解决金融顾问的三角代理问题。”❷（Roman Inderst，2009）

与此同时，欧盟国家也注重限制债券发行以降低金融市场的风险，尤其注重对发行短期债券的限制。与以往的做法最大的不同在于，发行短期债券现在一般都需要中央政府提供担保，并且最重要的是要以银行抵押物净资产作为银行自身的保证资金，目的在于化解潜在贷款亏损的风险，克服政府、金融产品经营者潜在的道德危机，以此向金融市场提供双保险。此外，欧盟也加大了信用机构的债务能力确认和审核的力度，根据信用机构的不同债务能力提供相应的贷款业务，从资金源头掐断金融市场大肆投机的风险。为了强化金融市场规范功能、加强国家对金融市场的监管和干预，德国、奥地利等国家都推出了金融市场稳定法案、规范银行间市场（比如同业拆借）措施、法人流动资产改革法案等法律法规。

---

❶ 这些著述还可参见 Roman Inderst：*Retail Finance*：*Thoughts on Reshaping Regulation and Consumer Protection after the Financial Crisis*，European Business Organization Law Review 10：455 - 464 455；P. Tufano，‘Financial Innovation’，in G. M. Constantinides；M. Harris and R. M. Stulz，eds.，The Handbook of the Economics of Finance（Elsevier North - Holland 2003）pp. 308 - 331；R. C. Merton，‘Financial Innovation and Economic Performance’，4（4）Journal of Applied Corporate Finance（1992）pp. 12 - 22；W. S. Frame and L. J. White，Empirical Studies of Financial Innovation：Lots of Talk，Little Action，Federal Reserve Bank of Atlanta Working Paper 12（2002）；R. C. Merton，‘Financial Innovation and Economic Performance’，4（4）Journal of Applied Corporate Finance（1992）pp. 12 - 22，；W. S. Frame and L. J. White，Empirical Studies of Financial Innovation：Lots of Talk，Little Action，Federal Reserve Bank of Atlanta Working Paper 12（2002）.

❷ 在英国独立的金融顾问扮演着重要的角色。他们既可以向消费者提供付费咨询，更多的是或多或少地会通过隐蔽的董事会和削减产品费用来获取利润。在很多银行零售业务中，不考虑产品通过公司整体渠道售出，比如保险业务只关心通过第三方渠道售出，如此就会出现三角机构的问题：消费者、机构或者雇员、产品商三者之间的关系。而且值得信赖的机构、保险经纪人或者金融顾问也许承担了多重任务。这些任务包括寻找顾客、获得新产品、了解顾客个人条件和最终的购买建议。

（三）具体目标之保护金融消费者权益

金融消费者在金融风险和危机中最容易受到损害，保护金融消费者的权益是欧盟关注的重要问题。欧盟现有的法律制度对于保护金融消费者权益来说是存在缺陷的。不过，学者们乐观地认为，这恰恰为完善消费者权益保护的法律制度带来了机会。借机提升金融消费者权益保护的法律制度和金融政策的保护力度，倡导良性竞争和充分规范仍旧是确保金融消费者权益的最好方法，主要是从事前和事后两个方面着手。对于金融消费者权益的事前保护主要是扩大金融消费者的知情权。欧盟命令负有公开信息义务的主体应向消费者公开的信息必须达到欧盟的最低要求，以此强制相关机构公开金融产品信息，以扩大消费者的知情权，提升消费者对金融市场的预测和判断能力，使金融消费者自我规避部分金融风险。为了更全面地保护消费者，一些学者认为："消费者必须得到其他方面的保护，包括金融消费者在信息不充分情形下受到的损失和受金融公司的广告误导而遭受损失等情形。"❶（S. McKay，etc.，2006）实际上，很多金融产品给消费者带来的风险和挑战，主要是信息不充分、金融文化薄弱和日常交易没有长期经验积累导致的。对此，欧盟多数国家赋予了消费者法定撤销权，即受到卖方误导、享有信赖利益的消费者在特定情形下享有投资撤销权，以保护金融消费者的信赖利益。

五、结语

欧盟的实践经验表明，在金融市场风险防控方面，法治手段比其他手段有效，国家法治水平应该与市场经济发展水平相适应，且在欧盟区域内宪政水平和受金融风险影响成反比关系。在规范市场

❶ A. Atkinson，S. McKay，S. Collard and E. Kempson，*Levels of Financial Capability in the UK*：Results of a Baseline Survey，FSA Consumer Research 47（March 2006）.

主体行为和防空金融风险方面，经济法治的风险理论显示出了极大的优越性，国家需要利用法律（法治）的杠杆作用提升国际和国内市场的监管洞察力，同时要注意区域间的法律协调，提升欧盟成员国宪政水平，规范金融市场竞争行为和秩序，保护金融消费者权益，才有可能确保国家经济持续健康发展，保障国家经济安全，促进金融市场健康发展，同时处理好国家、市场和法治三者之间的分工协作和相互关系。

防控金融风险已成为世界性难题，每个国家和地区在金融市场风险中都无法独善其身，如何从金融风险防控法律制度方面完善金融风险防控法制和防控机制是每个参与到经济全球化国家的当务之急。每个国家和地区在构建和完善金融风险防控法律制度都有其可取之处，而欧盟因其独特的政治形态和经济环境，对国家、市场和法治之间关系的研究独树一帜。如何在保持欧盟整体金融市场繁荣的同时，平衡、协调和帮扶各成员国防控金融风险和危机的冲击，这对我国完善金融风险防控的法律制度具有借鉴意义。

【学术新声】

校园欺凌的情境预防引入研究

范　森*

内容摘要：情境预防理论主要以“破窗理论”和“理性选择理论”为基础，通过改变犯罪客观情境的因素，增加犯罪难度和风险，降低犯罪收益，使犯罪人打消犯罪意向，达到预防潜在犯罪的效果。我国目前对于校园欺凌现象的治理与预防措施以社会预防为主。情境预防理论作为一项犯罪与越轨行为的犯罪预防策略，对于校园欺凌的防治具有一定的适用性，其能够与社会预防相结合，达到“标本兼治”的效果。在校园中，采取具体情境预防措施增加欺凌风险和难度，使校园欺凌难以顺利实施，这种预防思路在具体预防实践中能够更简捷、更经济地达到迅速见效的成果。

关键词：校园欺凌　情境预防　理性选择理论

一、问题的提出

近年来，我国校园欺凌事件频频被曝光，成为一个青少年成长

* 范森：辽宁大学法学院讲师，法学博士，研究方向：犯罪学、中国刑法学。

过程中的问题毒瘤，备受社会关注。严重的校园欺凌行为直接损害到被欺凌者的身体健康甚至生命。最高人民法院曾经对2013年到2015年三年间各级法院审结生效的100件校园暴力刑事案件进行分析，其中故意伤害罪占57%，故意杀人罪占6%，寻衅滋事罪占10%，性侵、侵财犯罪各占12%，聚众斗殴罪与绑架罪分别占2%、1%。[❶] 即使看似情节轻微的校园欺凌行为，多数也会损害到被欺凌者的心理健康。2014年，一项来自英国国家儿童发展的研究通过对7771名遭受过欺凌的儿童长达50年的追踪发现，那些经常被欺负的孩子在长大后会有更大的抑郁、焦虑和自杀的风险。校园欺凌行为不仅对被欺凌者造成伤害，也可能成为社会中的潜在危险。许多成年犯罪人都坦言自己曾经在成长过程中受到过校园欺凌或是欺凌过他人。由于校园欺凌主要发生于中小学校园之中，欺凌者与被欺凌者都处于青少年成长过程中，即使行为性质轻微，但其可能造成的后续影响十分强烈和深远，直接关系到双方的成长健康和生命轨迹。

校园欺凌现象具有普遍性，世界许多国家和地区都存在严重的校园欺凌现象。如美国、日本等国的校园欺凌问题最为尖锐，但由于对该问题研究较早，美日等国已形成一套较为成熟的治理政策和体系，许多成功经验被其他国家效仿，而我国也有许多学者对其进行了相应的比较研究。[❷] 同时，2016年6月国务院教育督导委员会办公室印发了《关于开展校园欺凌专项治理的通知》，也为校园欺凌问题的防治提供了一定的政策引导。但校园欺凌不同于一般的违法

❶ 沈亮、杜国强、冉容、赵俊甫：《最高人民法院关于校园暴力案件的调研报告》，载《中国应急管理》2016年第6期。

❷ 如安钰峰：《美国校园欺凌行为的特点评析》，载《外国中小学教育》2011年第8期；马焕灵、杨婕：《美国校园欺凌立法：理念、路径与内容》，载《比较教育研究》2016年第11期；马倩、徐洁、陶夏：《美国规制校园欺凌的三维体系及其组件》，载《教育学术月刊》2016年第10期；高晓霞：《日本校园欺凌的社会问题化：成因、治理及其启示》，载《南京师大学报（社会科学版）》2017年第4期；任海涛、闻志强：《日本中小学校园欺凌治理经验镜鉴》，载《复旦教育论坛》2016年第6期；向广宇、闻志强：《日本校园欺凌现状、防治经验与启示——以〈校园欺凌防止对策推进法〉为主视角》，载《大连理工大学学报（社会科学版）》2017年第1期。

犯罪等社会问题，其自身所具有的特殊性和复杂性都难以通过一般的社会治理对策来解决。

首先，校园欺凌主要发生于同一学校或是临近学校之中的年龄相仿的青少年之间，中小学校园中的欺凌者与被欺凌者绝大多数为未成年人，国家对于未成年人的保护政策使得一般的社会治理对策无法适用于未成年的欺凌者。

其次，校园欺凌的行为性质复杂。只有极少数严重的校园欺凌行为能够成立犯罪，一般的校园欺凌行为由于性质轻微或是没有造成严重后果，或是未成年的欺凌者没有达到刑事责任年龄，仅能够被定性为行政违法行为。大多数情况下，这种涉及行政违法行为的校园欺凌以及更轻微的校园欺凌行为则一般由老师或是学校行政管理部门内部消化解决。因此，多数校园欺凌行为实际上没有进入到社会治理层面的视野，而作为校园内部问题予以解决。

再次，校园欺凌行为具有扩散性。通常，未成年人所实施的这种欺凌暴力行为都具有团体性，一般是由多个欺凌者共同针对一个或少数被欺凌者来实施，多个欺凌者当中有一个或几个带领者，其他人则为附随者和协助者，除此之外还有未参与欺凌予以旁观的局外者。那么，这些附随者和协助者甚至局外者在经过这次校园欺凌后，若未接受到任何惩罚，那么以后都可能成为新一轮校园欺凌的带领者，而被欺凌者也可能因为报复情感而集结其他人进行一次报复性的校园欺凌，如此恶性循环，形成扩散性传染，若没有有效的治理策略，校园欺凌是难以控制和杜绝的。

最后，校园欺凌行为具有隐形性，有多个学者都曾采用流行病学的“冰山理论”来研究校园欺凌和暴力问题，[1] 即被发现的校园欺凌和暴力行为只是“冰山一角”，大量校园违纪不良行为都与校园欺凌具有显著相关性，但由于难以被发现而没有受到重视和关注，

---

[1] 池桂波、陈海珍、王声湧：《中学校园暴力的流行病学调查及影响因素分析》，载《疾病控制杂志》2007 年第 3 期。

仅治理表面显性的校园欺凌和暴力问题，不能从根本上防止此类问题，需要更加注重滋生校园欺凌问题的“隐性基石”，即对可能引发校园欺凌和暴力的任何行为都要予以惩罚和制止。正是由于校园欺凌具有如此复杂的特性，防治校园欺凌就需要采用多方面、多角度、多学科的全方位有效治理模式，情境预防理论作为一项犯罪与越轨行为的犯罪预防策略，对于校园欺凌的防治具有一定的有效性和可行性。本文将分析校园欺凌预防策略中情境预防理论的适用性，并对其引入的基本适用策略予以探讨。

二、校园欺凌行为的性质评价

在我国对校园欺凌进行深入研究之前，欧美等国对此已有一定建树，“欺凌”一词则译自英语 Bullying。根据挪威心理学家欧维斯（Dan Olweus）的研究，校园欺凌（School Bullying）被定义为一名学生或学生群体对另一学生重复地、长期地实施故意伤害或者使他人遭受痛苦、伤害或不适的行为。[1] 校园欺凌可以通过身体上的攻击行为、语言上的中伤行为或者其他使人感到痛苦或不适的方式进行，校园欺凌也可以通过网络暴力或冷暴力的方式进行。

（一）校园欺凌行为的法律评价

校园欺凌在性质上属于一种伤害性行为，必然受到社会否定性评价，但评价程度的不同关系到对行为的处断有所不同。根据我国相关法律法规的规定，校园欺凌行为一般被评价为三种性质——犯罪行为、行政违法行为或是校园违纪行为。

能够被定性为犯罪行为的校园欺凌行为需要满足一定的限制条件，欺凌者已满十四周岁不满十六周岁的，仅对构成故意杀人、故

---

[1] Dan Olweus. “*Bully/victim problems in school: Facts and intervention*”, European Journal of Psychology of Education, 1997（7）.

意伤害致人重伤或死亡、强奸、抢劫、贩毒、放火、爆炸、投毒罪承担刑事责任；欺凌者已满十六周岁的对所有构成犯罪的行为承担刑事责任，但是情节显著轻微危害不大的欺凌行为仍不会被评价为犯罪；若欺凌者未满十四周岁，则对任何欺凌行为都不可能承担刑事责任。因此，能够被评价为犯罪的欺凌行为需要同时满足行为程度严重和欺凌者年龄适格两个条件。

被定性为行政违法行为的校园欺凌行为在实践中可能会与校园违纪行为相混淆，关键在于行为程度以及处理手段的不同。被定性为行政违法的校园欺凌行为一般由《治安管理处罚法》规制。根据该法，欺凌者已满十四周岁才予以处罚，因此一般小学当中发生的欺凌行为不可能被定性为行政违法行为或是犯罪行为，都只能以校园违纪行为来处理；同时，未满十六周岁以及已满十六周岁未满十八周岁初次违反治安管理处罚法的，均不执行行政拘留处罚，仅处以罚款或是批评教育。因此，即使中小学中的校园欺凌行为已达到行政违法的程度，大多数欺凌者也不会受到行政拘留的处罚。在实践中，通常被予以行政处罚的校园欺凌行为都是发生于校园外的、扰乱到社会治安和公共秩序的行为，以聚众斗殴和寻衅滋事性质的欺凌行为为主；发生于校园内部的、未达到犯罪程度的校园欺凌行为，即使已达到可以被予以行政处罚的程度，一般也多以校园违纪行为来处理。因此，实践中定性为行政违法行为、以行政处罚方式来处理的校园欺凌行为较少。

大部分的校园欺凌行为仍以校园违纪行为来定性与处罚，相关的法律法规以《未成年人保护法》《预防未成年人犯罪法》《中小学幼儿园安全管理办法》以及《学生伤害事故处理办法》为主，学校对于学生的违纪行为有依法处置的权力，处置类型分为警告、记过、记大过、留校察看与劝退，父母应当对实施严重不良行为的未成年人严加管教。

以上可见，法律所设置的事后处罚方式仅限于显性且严重的欺凌行为，而大多数欺凌行为可能没有达到法律所界定的严重程度，或是后果的严重性具有一定的内隐性而难以被评价。在这种情况下，欺凌者通常仅被批评教育或是被予以违纪处分，父母是否对其严加管教也仅凭个人意愿，这样的处置方式对欺凌者来说基本没有处罚和预防再犯的效果，因此仅依靠法律处置难以达到有效的防治效果。

（二）校园欺凌行为的犯罪学评价

犯罪学是一门对犯罪现象和犯罪行为进行综合研究的事实性学科，其研究目的在于预防、减少犯罪。[1] 然而犯罪学中的犯罪不同于刑法所认定的犯罪，两门学科中的犯罪所涵摄的范围不同。相对于刑法中所规定的犯罪，犯罪学所研究的犯罪由三部分构成：刑法已规定的大多数犯罪；刑法应当规定但尚未规定的危害行为；无须刑法规制但需要采取其他措施进行预防的危害行为。[2] 第一部分犯罪属于法定犯罪；第二和第三部分犯罪属于越轨行为，越轨行为也属于犯罪学中的犯罪。根据犯罪学所研究犯罪的三个构成部分来看，校园欺凌行为中能够被刑法所规制的构成犯罪的属于第一部分；校园欺凌行为中因未达到刑事责任年龄应构成犯罪而不被认定为犯罪的属于第二部分；校园欺凌行为本身就属于一种危害行为，其影响范围较广，出现频率也较高，如果不采取预防对策就会出现恶性的发展趋势，因此具有采取措施预防的必要。那么，校园欺凌行为中除去前两部分，其他的欺凌行为都属于第三部分。所以，在犯罪学中，校园欺凌行为完全符合犯罪学研究对象的范围，即包括法定犯罪与越轨行为，校园欺凌行为在犯罪学中完全可以被评价为犯罪，可适用犯罪学中现象论、原因论以及预防论的分析和研究。

与犯罪学角度相比，校园欺凌行为的法律评价较为复杂，需要多门法律共同配合和衔接，若仅从立法与司法角度制定防治策略，缺乏一定的整体性；若从犯罪学角度来评价校园欺凌行为，并制定

---

[1] 张远煌主编：《犯罪学》（第三版），中国人民大学出版社2015年版，第3页。

[2] 同上书，第19页。

防治策略更具整体性和大局观，也能够为校园欺凌的治理提供一些新的视角和途径。

三、情境预防引入的适用性分析

情境预防理论是犯罪学领域近几十年以来兴起的一种区别于传统思路的犯罪预防理论，是指通过恰当地改变情境因素，防止因此诱发犯罪动机或利于实施犯罪行为的各种行为和措施。情境预防理论的实质是通过提升潜在犯罪人被发现和被检举的风险、增大犯罪实施难度和减少犯罪收益等措施，达到减少犯罪的目的。[1] 传统的犯罪学理论思路通常局限于犯罪人本身，通过改变犯罪人的心理或生理因素，或是通过改变社会对犯罪人的影响来促使犯罪人自身不实施犯罪，如通过刑罚的惩罚、威慑和警示教育作用促使犯罪人改邪归正，这种传统思路的优势在于控制犯罪人，尽可能消除犯罪人的犯罪倾向，但其弊端在于人的不可控性使这种预防措施难以达到立竿见影和确实明了的效果。那么，情境预防的思路则脱离传统的犯罪人本位，以犯罪行为与相关客观因素为基础，通过改变犯罪客观情境的因素，来增加犯罪难度和风险，降低犯罪收益。例如，针对容易发生暴力伤害犯罪的地点增加警卫力量，增加犯罪被发现的概率，使犯罪人无法在该地点顺利实施犯罪；再如，我国近年来的“天网视频监控系统”不仅有助于破获案件，还使许多潜在犯罪人因担心作案时被监控拍摄而打消了作案意向，减少了可能发生的犯罪，这也属于一种情境预防手段。

（一）情境预防的理论基础符合校园欺凌的发生规律

在情境预防的研究发展过程中，多种理论为其提供了基础依据，这些理论基础均可适用于校园欺凌的分析，也为校园欺凌的情境预

[1] 张远煌主编：《犯罪学》（第三版），中国人民大学出版社 2015 年版，第 279 页。

防提供理论支持。与校园欺凌相关的理论以破窗理论与理性选择理论为主。

1. 破窗理论

破窗理论（Broken Windows Theory）是一种比喻，指社区中出现的扰乱公共秩序、轻微犯罪等现象就像被打破而未被修理的窗户，容易给人造成社区治安无人关心的印象，如果不加干预而任其发展，可能会导致更多、更严重的犯罪。该理论源于1969年美国斯坦福大学心理学家在旧金山进行的一项试验。这项试验就是把一辆完好的车子摆在旧金山的某个街道上面，不去管理它。第一个星期没有遭人破坏；第二个星期，其中一个窗户被人打破，结果不到四个小时，该车被偷得仅剩下无法马上被盗取的轮胎。这一理论是詹姆斯·威尔逊等人在1982年发表的题为《破窗——警察与社区安全》一文中首先提出的。[1] 破窗理论认为如果有人实施了破坏行为而没有被马上惩罚，其他人就可能得到某些暗示性的纵容，也会跟随着模仿该破坏行为，久而久之导致了这种破坏行为的滋生和蔓延。

校园欺凌行为也同样如此。根据破窗理论，若某一校园欺凌行为没有被发现或是被惩罚，那么其他学生也会认为该种行为是可以得到纵容的，从而模仿这种欺凌行为，最终可能会出现欺凌行为丛生的局面。例如，在我国某些非重点中小学或是中专、大专中，校园欺凌现象更为凸出。根据一项对北京市薄弱初中校园欺凌和暴力调查显示，薄弱初中当中“至少受到一次校园暴力”的学生比例占38.9%，“至少实施过一次校园暴力”的学生比例占37.6%，综合起来，至少有过一次校园暴力经历的学生比例占52.2%；该调查还对这几所薄弱初中的学校管理者进行了访谈，大部分管理者表示没有对本校的校园暴力事件进行统计，也很少上报教育行政部门，能

---

[1] See James Q. Wison & George Kelling, “*Police and Neighborhood Safety*: *Broken Windows*”, Atlantic monthly, 1982（3）, pp. 29－38. 转引自：张远煌主编：《犯罪学》（第三版），中国人民大学出版社2015年版，第290页。

够自我解决的就自我解决了，也有很多没有发现的情况，只有极少数是在没有办法的情况下才上报和记录。[1] 在这些薄弱初中里，许多校园暴力包括校园欺凌行为并没有被予以严重处罚甚至是没有处罚，在此情况下，破窗现象导致校园暴力和欺凌行为丛生，整个校园陷入秩序失范状态。因此，学校管理者应当积极预防和及时介入处理校园欺凌问题，避免“破窗状态”出现，这样才能有效减少校园欺凌和暴力现象的发生，保证校园的有序性。

2. 理性选择理论

理性选择理论（Rational Choice Theory）是犯罪经济学中的理论之一，最早由诺贝尔经济学奖获得者加里·S. 贝克尔（Garys Beker）提出。该理论认为，人在作决定时都会经过详细的思考和盘算，在心中权衡自己所作决定所获得的最大利益和所付出的最小成本。[2] 在此基础上，理性选择理论认为犯罪人都是有理性、会思考的人，犯罪人的决定都是将需要花费的犯罪成本与可能获得的犯罪收益进行比较衡量，经过理性选择作出是否犯罪的决定。当犯罪成本高于犯罪收益或者犯罪风险较高时，犯罪人经过理性选择后其实施犯罪的可能性会降低。所以，基于理性选择理论，提高犯罪成本或是提升犯罪风险都可以达到降低犯罪率，预防犯罪发生的效果。基于提高犯罪成本和犯罪风险的侧重点和方式不同，理性选择理论又发展出两种犯罪学理论，即日常活动理论与环境选择理论。

日常活动理论（Routine Activity Theory）是由美国犯罪学家菲尔逊（Marcus Felson）和科恩（Lawrence Cohen）在题为《社会变化和犯罪发生率的趋势——以日常活动为视角》的论文中提出的。日常活动理论从“受害”视角提出，认为在日常生活中，人的行为模式

---

[1] 宋雁慧：《中学校园暴力及其防治研究》，北京师范大学出版社 2013 年版，第 60 页。

[2] 刘猛：《中小学校园犯罪预防理论的选择——情境犯罪预防理论及其适用性探讨》，载《河南警察学院学报》2016 年第 4 期。

具有固定性，这种行为规律一旦被具有犯罪动机的人掌握，犯罪人就会利用行为规律中的薄弱环节进行攻击。这里，行为规律中的薄弱环节就意味着此时犯罪风险与犯罪成本较低，所以能够被犯罪人所利用。偏差或者高风险的行为特性会促使个人以加害者、被加害者或目击者的身份更加频繁地接触犯罪现象，这种接触也会促使个人演变为犯罪行为的被害者或加害者。❶ 如每天放学独自一人回家的学生，在回家路上遭遇犯罪的风险要高于由他人陪同或接送放学的其他学生。

环境选择理论（Situational Choice Theory）由美国学者康沃尔（Derek Cornish）和克拉克（Ronald Clarke）提出，他们从犯罪客观环境的角度认为，犯罪决定以及影响犯罪人作出犯罪决定的因素，都会因犯罪场景以及犯罪行为的不同而不同。❷ 因此，通过改变犯罪场景而提升犯罪风险，使该场景不易实施犯罪，或是在该场景实施犯罪易被发现而无法逃脱，此时，犯罪人会考虑不在该场景内实施犯罪，从而降低犯罪频发地点的犯罪发生率。还有许多其他理论均与该理论的思路相似，都是从环境和空间的角度来防范犯罪的发生。❸

根据某些犯罪学者对于校园欺凌和暴力的调查，校园欺凌行为的发生符合理性选择理论的分析。如未成年人准备实施犯罪时遇到警察、保安等治安监控人员时，由于警卫力量增强而增加了暴露的风险。根据调查数据显示，有34%的未成年人表示害怕并选择放弃作案；有51.6%的未成年人有所顾虑，需要衡量是否会影响到安全

---

❶ Nofziger S. & Stein R.，2006，“*To tell or not to tell*：*Lifestyle impacts on whether adolescents tell about violent victimization*”，Violence and Victims，2006，21（3），pp371－382. 转引自：张小华、项宗友：《浙江中学生校园欺凌的实证调查及影响因素分析——以生活方式理论和日常活动理论为视角》，载《晋阳学刊》2016年第5期。

❷ 庄劲、廖万里：《犯罪预防体系的第三支柱——西方国家犯罪情境预防的策略》，载《犯罪研究》2005年第2期。

❸ 如防范空间理论（Defensible Space Theory）、防范环境设计理论（Crime Prevention through Environmental Design）等。

作案；只有14.4%的未成年人完全不顾及这些。若未成年人在准备实施犯罪时发现有监控摄像头或是警报器等治安监控设备，48%的人会选择直接放弃作案，有33.4%的人选择尽量避开这些设备继续作案，只有18.6%的人对此感到无所谓。[1] 可见，未成年人在实施犯罪行为与越轨行为时，会遵循理性选择理论提出的行为特征，考虑实施犯罪的难易程度并分析犯罪风险与犯罪成本，是否容易逃脱以及被发现等因素。在众多校园欺凌案件中，大多数行为都发生在学校老师或是管理者无法监管到的地带，若是在欺凌前或欺凌过程中被监管者发现，欺凌者会放弃或停止实施欺凌行为。在监控措施健全的情况下，大多数具有欺凌动机的未成年人有极大可能放弃欺凌。因此，根据理性选择理论，健全监控措施，提升情境防卫强度，能够有效减少校园欺凌的发生。

（二）情境预防能够弥补校园欺凌的社会预防之不足

犯罪学的犯罪预防从宏观上分为两种预防方式，即社会预防（Social Prevention）与情境预防（Environmental Prevention）。[2] 社会预防是指由社会各种力量共同参与的，旨在消除和削弱能够引起犯罪现象发生的各种因素，从而有效防止和减少犯罪的各种社会活动及措施。[3] 社会预防一般从犯罪人角度出发，通过改变社会因素对犯罪人的影响来抑制犯罪动机，减少诱发犯罪各种因素的作用。社会预防可分为宏观社会预防和微观社会预防。宏观社会预防包括社会制度建设层面的预防，如完善政治、经济、法律等制度建设来预防犯罪；还包括社会政策层面的预防，如调节具体的社会分配政策、社会福利政策、教育政策、城乡发展政策、青少年政策等来达到预

---

[1] 姚兵：《论未成年人犯罪情境预防的必要性和可行性——以三省市未成年犯实证调查为分析基础》，载《中国刑事法杂志》2012年第4期。

[2] ［澳］亚当·苏通、阿德里恩·切尼、罗伯·怀特：《犯罪预防：原理、观点与实践》，赵赤译，中国政法大学出版社2012年版，第31页。

[3] 张远煌主编：《犯罪学》（第三版），中国人民大学出版社2015年版，第257页。

防犯罪的效果；宏观社会预防还包括社会道德预防，如通过舆论和大众传媒等文化传播途径引导正确的道德观，以道德来规范人们的行为，形成人与人之间的良性互动关系，达到防止和减少犯罪的这一教育目的。微观社会预防则一般指在较小社会领域内进行的犯罪预防活动，如家庭预防、学校预防与社区预防，通过小的社会领域中人们互动关系以及教育引导来达到培养规范意识与良好人格的效果。

我国目前立法与实践所提出的校园欺凌预防手段以社会预防为主。以国务院教育督导委员会办公室印发的专门针对校园欺凌预防和处理的《关于开展校园欺凌专项治理的通知》为例，通知中的治理手段主要如下。第一，开展教育，即对学生开展品德、心理健康、安全教育和法制教育，通过教育来使学生保持良好人格并增强反欺凌意识和保护自己的方法。第二，完善制度，即各学校需制订完善的应对校园欺凌的处理制度和措施，做好预防制度等，通过制度完善来预防校园欺凌。第三，加强预防。该办法中提出对学生要开展心理健康咨询和疏导，公布和明确学生可求助负责人，从调节心理因素和增强学生心理安全感的角度出发来加强校园欺凌的预防。第四，及时处理、监督指导与组织部署。这几项措施都是对治理校园欺凌制度上的具体要求，主要是对校园欺凌事件的处理效果、处理方式以及处理效率的要求。同时要结合《预防未成年人犯罪法》进行，其中第2条指出："预防未成年人犯罪，立足于教育和保护，从小抓起，对未成年人的不良行为及时进行预防和矫治。"由此可见，我国预防校园欺凌之立法与实践的主旨仍在于对未成年人自身思想与品行的培养与矫正，是一种典型的以社会预防为中心的预防思路。

这种社会预防思路之优势在于能够从根本上改善犯罪人的心理因素，矫正犯罪人格，消除犯罪心理，使其弃恶扬善。这也是一种基本的预防思路。但是心理因素的改变具有不确定性，犯罪人格矫正的有效性与犯罪心理的根除具有一定的理想主义色彩。刑罚作为一种矫正犯罪人格的手段，不能否认，其具有一定的矫正犯罪人格、改善犯罪心理之效果，但较高的重新犯罪率也证明了犯罪人格能够通过刑罚得到完全矫正这一论断具有理想色彩。同时，社会预防措施很难在短时间内实施，也难以在短时间内收到较好的成效。许多调查均显示，家庭是导致学生易发校园欺凌或暴力事件的最主要原因，单亲家庭、父母一方服刑家庭的子女比较容易发生暴力或欺凌，这是转型期带来的社会问题在学校中的表现。[1] 根据社会预防策略，马上改变社会转型期形态是不切实际的，只能从婚姻与家庭政策的角度进行预防，但是单亲家庭与父母服刑家庭增多的现状在短时间内也很难得到有效改善，只能通过相关社会政策与制度的调整来逐步调节，短期之内这种预防效果是很有限的。

情境预防策略与社会预防不同的是，其注重的是犯罪行为与被害人，希望通过改善具体犯罪实施情境与降低被害人的被害倾向性来预防犯罪。社会预防是“治本”之策，那么情境预防则是“治标”之方，虽不能从根本上消除犯罪人的犯罪性，但在短时间内可以直接、有效地降低犯罪率，预防犯罪。因此，对待校园欺凌应当“标本兼治”，以情境预防补社会预防之不足，在提倡社会预防策略之余也要引入情境预防的手段，提高校园欺凌防治工作的有效性，净化校园空间。

四、情境预防引入的基本策略探讨

（一）情境预防的方法论与具体措施

情境预防理论的领军人物克拉克（Ronald Clarke）对情景预防的具体措施进行了深入的研究，并提出了针对某一具体犯罪问题的情境预防措施的方法以及具体预防技术。

---

[1] 宋雁慧：《中学校园暴力及其防治研究》，北京师范大学出版社 2013 年版，第 65 页。

情境预防的方法论有五个步骤：（1）筛选出一个特定的犯罪问题；（2）对有关导致犯罪发生的情境条件的数据信息进行分析；（3）系统地研究阻断犯罪机会的可能方式；（4）实施其中最有希望、最可行和成本最低的措施；（5）对预防犯罪的效果进行评估。具体情境预防技术可通过增加犯罪难度、提升犯罪风险、降低犯罪收益、减少犯罪刺激、排除犯罪结构五个方面来实施。[1]

增加犯罪难度是情境预防的最基本策略，具体措施包括被害人的安全强化措施以及犯罪环境的封闭、犯罪工具的控制，如易被欺凌学生尽量不脱离老师等人员的保护范围，封闭校园某些易发生欺凌事件的地点，严格禁止学生携带任何具有攻击性的工具或武器。

提升犯罪风险主要在于强化环境监视、严密体制管理，提升犯罪被发现的风险，具体措施包括增加自然监控、强化正式监视、扩大关护等，如针对校园死角扩大监控范围，在某些容易发生欺凌事件的地方加强监管，可以适当增加监控设备；上学放学途中要求学生尽量结伴出行；支持匿名举报欺凌事件，等等。

降低犯罪收益，当犯罪收益小于犯罪成本时也会促使犯罪人放弃犯罪动机以预防犯罪。具体措施包括隐藏被害目标、消除犯罪收益等，如弱化学生家庭背景以减少因家庭条件与结构的差异所导致的欺凌。

减少犯罪刺激，即减少外界情境对具有犯罪倾向的潜在犯罪人产生犯罪动机的刺激。具体措施包括减少潜在犯罪人的挫折感和压力感、避免冲突、减少情绪冲动、阻止不良模仿等，如注意避免学生间可能发生冲突的因素产生，鼓励学生间友好和平相处，及时发现欺凌行为并马上制止，对具体欺凌行为方式不向学生宣传与示范。

排除犯罪借口。犯罪人常会对自己的犯罪行为寻找合理借口，以平衡内心的罪恶感和羞耻心。所以，应当让犯罪人正视自己行为

---

[1] 张远煌主编：《犯罪学》（第三版），中国人民大学出版社2015年版，第293—295页。

的性质，排除其可能的犯罪借口。具体措施包括张贴告示、帮助守法、唤醒良心等，如对欺凌者予以严格处罚、宣传欺凌行为的危害性与恶劣性等。

（二）校园欺凌情境预防措施的适用策略

情境预防措施在英美等国已经取得了相当有效的成果，成立于1983 年的英国内政部犯罪预防处在情境预防理论与方法方面享有声誉。其运用情境预防理论布置的防控措施对于盗窃与抢劫犯罪的减少起到了重要作用。美国情境预防理论的运用在维持校园安全方面更加具体和直观。美国校园采用大量情境预防维持校园平和，并呈现越来越普遍和严格的趋势，具体措施包括特定期间校门封锁措施、来访者签名登记制度、来访者通过金属检测仪措施、监视器措施、学生特定着装制度、教师佩戴标志性证件、教室内提供报警电话等措施。同时，警察和其他法律执行人员需要进校执勤，以增加警卫力量，提高校园欺凌或暴力的行为风险。情境预防不同于社会预防措施，其不受国家本土国情、文化、政治、经济因素的限制，可移植性高，同一措施可以在多国得到广泛且有效的适用。

目前，一些基本情境预防措施已经得到一定的实施，如刚才所提到的校门封锁措施、监视器措施等，但具体针对校园欺凌事件仍需要适用某些特定措施。以目前较为受到关注的犯罪热点分析理论[1]为例，校园欺凌行为通常发生在教室、操场、学校死角、厕所、上学放学途中，所发生的时间段多为课间、体育活动课、上学放学期间，这几个地点与时间段则为校园欺凌行为的空间热点与时间热点，具体情境预防措施可根据热点分布情况有选择性地实施，如在课间与体育活动课期间在操场增加值班巡逻人员，在学校厕所安排清洁人员兼顾维持厕所秩序，在学校死角地带安装监控设备或是直接封

[1] 单勇：《犯罪热点成因：基于空间相关性的解释》，载《中国法学》2016 年第 2 期。

锁学校死角区域等，在几个热点时间段可以尽量掌握学生的动向，提醒学生尽量结伴而行等。

情境预防的引入丰富了校园欺凌预防的理论思路，更简捷、更经济地在具体预防实践中达到迅速见效的成果，尤其在我国目前校园欺凌现象严重、及时有效治理途径贫乏的情况下，注重情境预防的作用更具有现实意义。同时，情境预防也与我国基本的社会治安综合治理理论的刑事政策具有相适应性。社会治安综合治理政策与情境预防具有互补性，社会治安综合治理政策在宏观上指导预防策略的方向，情境预防则在微观上提出具体的实践措施以操作。社会治安综合治理政策中也包含着一定的情境预防思路，特别是其社区建设和群众路线的治理措施能够与情境预防相结合，起到事半功倍的效果。引入并注重情境预防能够为校园欺凌问题提供新的思路，以犯罪学思维来解决校园欺凌问题更具有开拓性和全局观，以社会预防与情境预防相结合，为校园欺凌的预防发挥积极作用。